0 150 km
N
Barentssee
Europäisches
Nordmeer
Magerøya
Sørøya
Senja
Vesterålen
Lofoten
Murmansk
Kola-Halbinsel
Narvik
Svolvær
Henningsvær
Å
Abisko
Kiruna
Gällivare
Jokkmokk
Boden
Luleå
Oulu
RUSSLAND
SCHWEDEN
Umeå
Meerbusen
Bottnischer
FINNLAND
Kristiansund
Bud
Molde
Ålesund
Ladoga-see
NORWEGEN
Mora
Gävle
Falun
Helsinki
St. Petersburg
Golf von Finnland
Bergen
Oslo
Odda
Uppsala
Tallinn
Drammen
Fredrikstad
Örebro
Stockholm
Hiiumaa
ESTLAND
Porsgrunn
Stavanger
Strömstad
Norrköping
Saaremaa
Skagerrak
Smögen
Tjörn
Kristian-sand
Skagen
Marstrand
Göteborg
Gotland
LETTLAND
Riga
Læsø
Varberg
Aalborg
Kalmar
Borgholm
Halmstad
Öland
Rønde
Torekov
Kullen
DÄNE-MARK
Helsing-borg
Karlskrona
Århus
Sjælland
LITAUEN
Kopenhagen
Malmö
Kristian-stad
Esbjerg
Middelfart
Odense
Ostsee
Vilnius
Nordsee
Trelleborg
Rømø
Tranekær
Bornholm
Minsk
Møn
Sønderborg
Falster
Holeby
Rügen
Fehmarn
BELARUS
Elbe
Hamburg
POLEN
NIEDER-LANDE
DEUTSCHLAND
Warschau

ROADTRIPS
SKANDINAVIEN

Unvergessliche Traumrouten
für den perfekten Urlaub
mit Auto, Camper & Motorrad

Lisa Arnold

ROADTRIPS SKANDINAVIEN

Unvergessliche Traumrouten für den perfekten Urlaub mit Auto, Camper & Motorrad

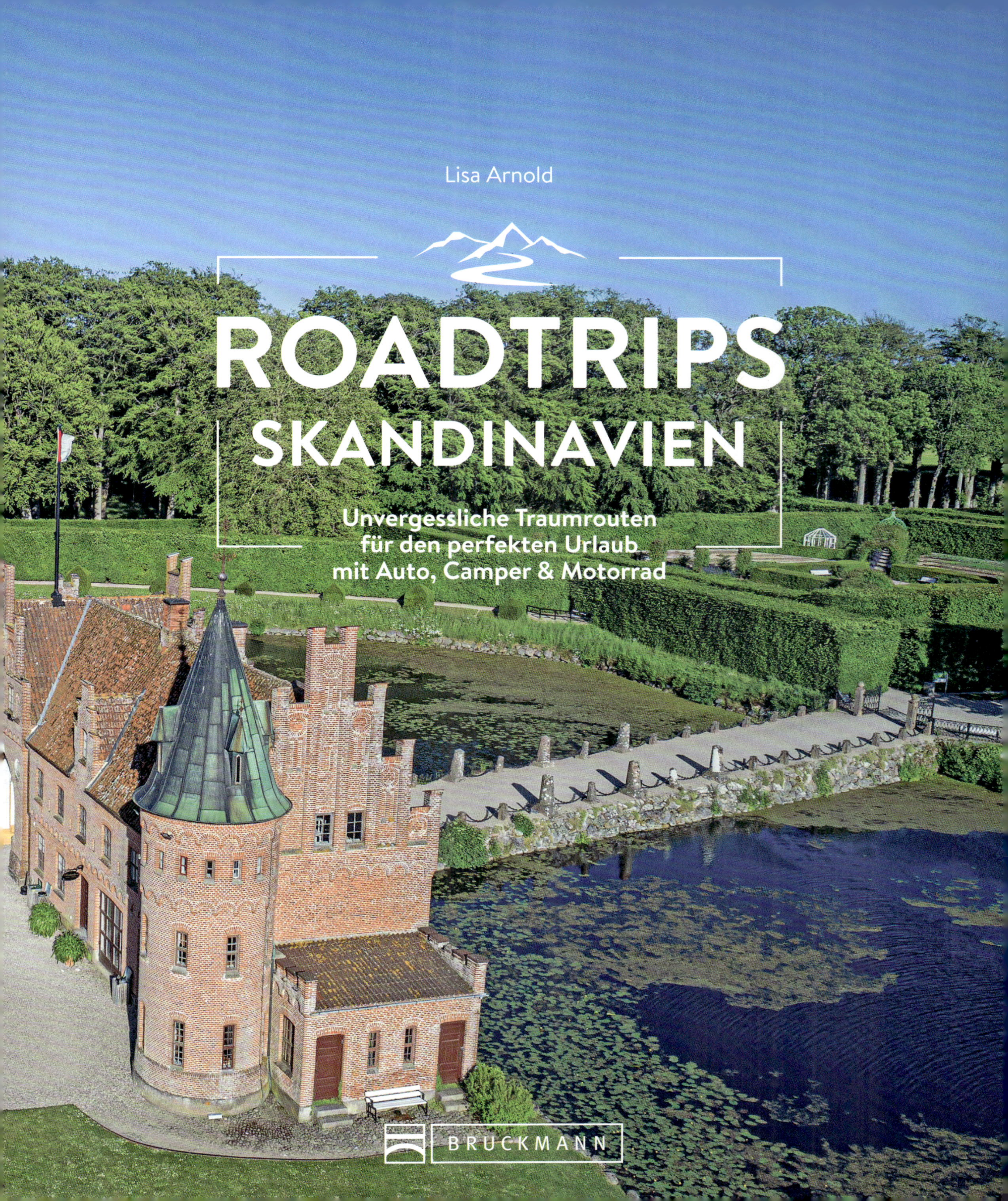

BRUCKMANN

INHALT

← H. C. Andersens Museum in Odense ← Henningsvær auf den Lofoten
↑ Fischfang in Å auf den Lofoten ↑ Festung Akershus in Oslo

↑ Die Brücke Skeppsholmsbron in Stockholm ↑ Im Stadtpark von Kalmar
→ Die astronomische Uhr im Dom zu Lund

DÄNEMARK | ROUTE 10
DER KULTURELLE NORDEN 146

DÄNEMARK | ROUTE 11
DIE DÄNISCHE GENUSSINSEL 158

DÄNEMARK | ROUTE 12
DIE KONTRASTREICHE OSTKÜSTE VON SEELAND 170

Zur Ruine Kalø Slot gelangt man über einen Damm, der im Mittelalter angelegt wurde.

DREI LÄNDER – EIN ABENTEUER

Dänemark, Schweden und Norwegen: Das Trio im Norden lockt mit seiner facettenreichen Landschaft, einer entspannten Lebensweise und innovativ gestalteten Sehenswürdigkeiten. In der dünn besiedelten Region mit Fjorden, Dünen und stillen Waldseen findet jeder sein Plätzchen.

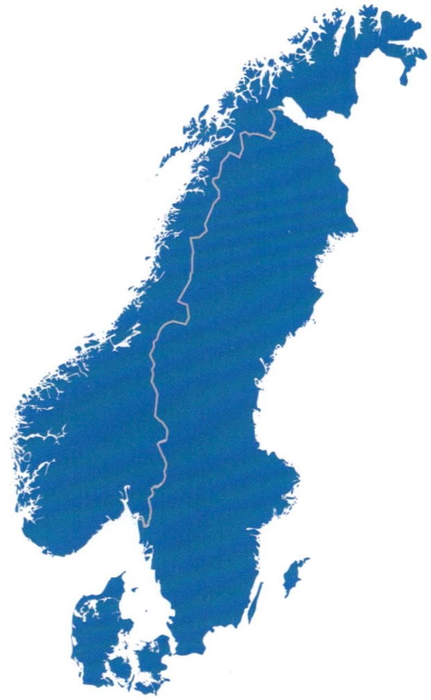

1397

schlossen sich Dänemark, Schweden und Norwegen zur Kalmarer Union zusammen. Dabei behielten die Länder ihre Autonomie in inneren Angelegenheiten, aber die Außen- und Wirtschaftspolitik wurde von einem einzigen Monarchen geleitet. Die Vereinigung bestand bis 1523, als Gustav Vasa zum König über Schweden gewählt wurde. Dänemark und Norwegen blieben weiterhin in Personalunion verbunden, und zwar bis 1814.

KAFFEE

ist eine nordische Leidenschaft: Die Länder in der Region gehören zu den größten Kaffeekonsumenten der Welt. Norwegen führt mit einem durchschnittlichen Pro-Kopf-Verbrauch von rund zehn Kilogramm pro Jahr. Filterkaffee dominiert, und in den meisten Cafés kann man sich diesen kostenlos nachschenken (lassen).

SPRACHEN

Fortgeschrittene Sprecher des Norwegischen, Schwedischen und Dänischen können einander verstehen – schriftlich fast problemlos und mündlich mit etwas gutem Willen. Alle drei Sprachen sind aus dem nordgermanischen Sprachzweig hervorgegangen. Auch Isländisch und Färöisch gehören dieser Gruppe an, haben sich jedoch anders entwickelt als die sogenannten modernen skandinavischen Sprachen.

SCADINAUIA

war der lateinische Begriff, mit dem die Römer die Gebiete nördlich von Germanien meinten. Dieses Wort war wiederum vom urnordischen Skaðinaujō abgeleitet: die »gefährliche Halbinsel«. Diese Wurzel ist außerdem mit den heutigen Namen für die südschwedische Provinz Skåne (Schonen) und die dortige Halbinsel Skanör verwandt.

1619 KILOMETER

misst die Grenze zwischen Schweden und Norwegen, die sich längs durch die skandinavische Halbinsel zieht. In Europa gibt es keine längere durchgehende Grenzlinie als diese.

DAS SKANDINAVISCHE KREUZ

ziert nicht nur die schwedische, dänische und norwegische Flagge in verschiedenen Farbkombinationen, sondern auch jene von anderen nordischen Ländern und Regionen. Die Grundform geht auf den »Dannebrog« zurück – die älteste durchgehend verwendete Nationalflagge der Welt. Aus diesem dänischen Vorbild haben sich die anderen Varianten entwickelt. Das christliche Symbol verweist nicht nur auf eine gemeinsame Geschichte, sondern auch auf gemeinsame Grundwerte.

221800 INSELN

machen Schweden zum inselreichsten Land der Welt. Die beiden größten sind Gotland und Öland in der Ostsee. Tausende Inseln liegen aber in Seen statt vor der langen Küste.

52 KILOMETER

ist die höchste Entfernung, die man in Dänemark überwinden muss, um ans Meer zu kommen. Kein Wunder, dass das Land so beliebt für Badeurlaube ist.

KÜSTE, KRONEN UND ZIG KILOMETER

UNVERGESSLICHE TAGE AM WASSER

Dänemark, Schweden und Norwegen sind Länder mit eigenen Sprachen, ausgeprägter Identität und unterschiedlichen Landschaften. Sie wollen nicht in einen Topf geworfen werden, auch wenn sie kulturell und geschichtlich eng verbunden sind. Auf eine Gemeinsamkeit können sie sich aber einigen: Alle drei Länder sind Seefahrernationen mit einem maritimen Lebensstil.

Breite Sandstrände, Badehäuser auf Stelzen, einsame Fischerhütten, von der Eiszeit geformte Rundhöcker, Archipele mit Abertausenden Inseln und raue Felsen, an denen sich die Wellen brechen: Die insgesamt 85 000 Kilometer lange Küste Skandinaviens sieht immer wieder anders aus. Auf der einen Seite gleiten Segelboote über die Ostsee, auf der anderen ziehen Berufsfischer Dorsche und Schalentiere aus dem klaren Wasser der Nordsee. Das Meer und seine vielen Nutzungsarten haben die Geschichte von Dänemark, Schweden und Norwegen geprägt, denn über Jahrhunderte haben Gewässer nicht getrennt, sondern verbunden. Die Lage unzähliger Orte und Burgen erklärt sich durch das Verhältnis zu einer bestimmten Bucht oder zu einem Wasserweg. Kein Wunder also, dass viele Routen in diesem Buch am Meer entlangführen: Dort findet man reizvolle Plätze, Entspannung und Kulturgeschichte nah beieinander.

Naturliebhaber schätzen Schweden und Norwegen auch für das Jedermannsrecht, das es allen Menschen erlaubt, sich frei durch die Natur zu bewegen, an Beeren und Pilzen zu bedienen und für bis zu zwei Tage sein Zelt aufzuschlagen. Wer

Skandinavien ist für seine Wasserlandschaften bekannt – im Inland wie vor der Küste.

die Umwelt respektiert und der Regel »nicht stören und nichts kaputt machen« folgt, ist willkommen. Allerdings – und das ist ganz wichtig – gilt dies nicht für motorisierte Fahrzeuge. Autos und Wohnmobile sowie E-Bikes und Elektroroller dürfen nur auf offiziellen Parkplätzen abgestellt werden.

Dänemark: Sandstrände zum Greifen nah

Von den drei skandinavischen Ländern ist Dänemark das kleinste und nächstgelegene. Viele Familien aus dem deutschsprachigen Raum finden ihren Weg dorthin, denn der Landweg spart Geld, die Abstände zwischen den Ausflugszielen sind kurz, es gibt breite Sandstrände, auf denen man bis ans Wasser fahren kann, die flache Landschaft ist ideal zum Radfahren, und in den Dünen lässt es sich geschützt herumtoben.
Außerdem sind die Dänen bekannt für gutes Design: Intuitiv gestaltete Museen, einladende Gaststätten und Geschäfte mit maritimer Mode, alltagstauglicher Keramik und entzückenden Wohnaccessoires zeugen von diesem Stilgefühl.
Leider versetzt das Preisschild so manchem Erlebnis einen Dämpfer. Dass Besucher das Land als besonders teuer empfinden, liegt einerseits an der starken dänischen Krone (ein Euro entspricht etwa 7,4 Dänischen Kronen), andererseits am einheitlich hohen Mehrwertsteuersatz (25 Prozent auch auf Lebensmittel und Bücher). Täglich geöffnete Supermärkte und vergünstigte Mittagsangebote helfen da beim Wirtschaften.

Schweden: Naturschönheit mit vielen Facetten

Mit einer Fläche von fast 450 000 Quadratkilometern ist Schweden mehr als zehnmal so groß wie Dänemark. Das Land verzaubert seine Gäste mit einer unglaublich vielseitigen, gut erschlossenen Natur. Mit jeder weiteren Fahrstunde gen Norden ändert sich die Landschaft. Während das flache Skåne noch an Mitteleuropa erinnert, beginnt das Schweden aus dem Bilderbuch in Astrid Lindgrens Småland: mit roten Häuschen und dichten Wäldern.
Wer salzige Meerluft schnuppern und über rundgeschliffene Inseln spazieren will, lässt sich die Westküste entlangtreiben; nach Stockholm hin findet man hingegen zahlreiche Spuren der bewegten Geschichte des Ostseeraums. Oberhalb der Hauptstadt ist das Land nur dünn besiedelt. Dort sind Bergwanderer, Angler und Nordlichtjäger in ihrem Element.
Von den nordischen Ländern wird Schweden oft als preiswertestes empfunden. Das hängt unter anderem damit zusammen, dass Lebensmittel, Gaststättenbesuche und Hotelaufenthalte geringer besteuert werden. Der Eintritt für Kinder und Jugendliche in Attraktionen ist stark vergüns-

tigt, oftmals sogar gratis. Und auch wer gerne mal ein Paddelboot ausleiht, eine Führung mitmacht oder landestypisch essen geht, kann in Schweden die Gelegenheit nutzen.

Norwegen: zwischen Fjord und Fjell

Das Land im Westen der skandinavischen Halbinsel ist kein Ziel für einen Kurztrip, sondern lehrt seine Besucher – ob sie wollen oder nicht – den Zauber der Langsamkeit. Norwegens landschaftliche Höhepunkte sind in Europa kaum zu übertreffen: Hier stürzen steile Felswände ins Meer, dort bahnen sich schmale Fjorde ihren Weg ins Hinterland, und überall balancieren Fischerhütten auf dem steinigen Untergrund. Wer sich die Zeit für kurvige Landstraßen und Fähren nimmt, wird mit berührenden Anblicken belohnt.
In den letzten Jahren hat Norwegens Straßenverwaltung 18 ausgewählte Straßenabschnitte ausgebaut und mit neuen, teils richtig spektakulären Aussichtspunkten und Rastplätzen versehen. Diese »nationalen Touristenrouten« verlaufen durch besonders reizvolle und geschichtsträchtige Landstriche und passieren malerische Küstenabschnitte, Fjorde, Berge und Wasserfälle (www.nasjonaleturistveger.no/de). Fünf dieser Panoramastraßen sind in Touren in diesem Buch integriert. Und wer obendrein noch wasserfeste Schuhe, Regenjacke und Energieriegel einpackt, wird unvergessliche Wanderungen erleben. In Norwegen darf man sich von Regen nicht einschüchtern lassen: Wolken und nasses Wetter gehören einfach zum Erlebnis dazu – genauso wie Bootsfahrten, Angeltouren und Fischgerichte.

Keine Angst vor Kilometern

An alle Leser, die sich auf ihre erste Rundreise im Norden vorbereiten: Sie sind zu beneiden, denn vor Ihnen liegt eine Zeit voller wunderbarer Eindrücke und Begegnungen. Planen Sie Ihre Route, aber setzen Sie sich nicht unter Druck, sie unbedingt umsetzen zu müssen. Man stellt sich die Distanzen kürzer und das Fahrtempo höher vor. »Skandinavien kennenlernen« – das geht gar nicht in einem einzigen Urlaub. Zu groß ist das Gebiet und zu verschieden die Regionen. Dennoch wurden die Routen in diesem Buch für möglichst effizientes Reisen konzipiert: Manche lassen sich ohne Unterbrechung kombinieren, andere können durch das gut ausgebaute Fährliniennetz verbunden werden.
Was Sie von Ihrer Wunschliste nicht schaffen, heben Sie sich einfach für das nächste Mal auf. Denn Sie werden wiederkommen – der Zauber des unberührten, von langen Sommertagen verwöhnten Nordens lässt niemanden wieder los.

Wenngleich die Badetemperatur keine mitteleuropäischen Werte erreicht – auch in Oslo kann man »stranden«.

UNSER NACHHALTIGKEITSKODEX

Die Welt birgt viele Wunder, Abenteuer und spektakuläre Aussichten, die wir gerne erkunden möchten. Doch sie ist auch leicht aus dem Gleichgewicht zu bringen. Hier ein paar Tipps, wie wir unsere Welt nachhaltig entdecken können:

- **Die Hauptsaison meiden:** Wenn wir nicht gerade auf die Ferienzeiten angewiesen sind, können wir der Umwelt einen großen Gefallen tun, indem wir in der Nebensaison verreisen. Damit tragen wir zu einer gleichmäßigeren Auslastung der Umwelt und der Infrastruktur bei und der Urlaub wird dazu auch noch wesentlich entspannter.

- **Die Aufenthaltsdauer dem Reiseziel anpassen:** Je weiter entfernt das Reiseziel ist, desto länger sollte der Aufenthalt sein. Dadurch lernen wir die Region nicht nur intensiver kennen, sondern stärken sie ganz nebenbei noch durch unsere Ausgaben vor Ort. Anfahrtsintensive Tagesausflüge sollten besser vermieden werden, das bedeutet nur Stress, sowohl für die Umwelt als auch für uns selbst.

- **Umweltbewusst fahren:** Reisen mit dem Auto oder Wohnmobil sind grundsätzlich umweltfreundlicher als mit dem Flugzeug, dennoch können wir noch mehr tun und zum Beispiel den Kraftstoffverbrauch minimieren, indem wir vorausschauend fahren, so wenig Last wie möglich mit uns führen und die Umgebung vor Ort mit dem Fahrrad oder zu Fuß erkunden.

- **Nur dort parken und campen, wo es erlaubt ist:** Selbst, wenn wir uns noch so vorbildlich verhalten und unseren Aufenthaltsort so hinterlassen, wie wir ihn vorgefunden haben, stören wir den Lebensraum von Wildtieren und hinterlassen Spuren und Gerüche. Auch Lagerfeuer entzünden wir ausschließlich an den dafür vorgesehenen Stellen und achten dabei auf Waldbrandstufen und Naturschutzgebiete.

- **Ressourcen gewissenhaft nutzen:** Manche Umweltressourcen sind bereits knapp, endlich sind auf jeden Fall alle. Um sie zu schonen, sollten wir sparsam mit ihnen umgehen, gerade in Gegenden, in denen zum Beispiel Wasser oder Strom nicht im Überfluss vorhanden sind.

- **Ein guter Gast sein:** Nachhaltig unsere Umgebung zu erkunden bedeutet auch, der hiesigen Flora und Fauna mit Respekt zu begegnen. Pflanzen sollten auf keinen Fall gepflückt werden, aber sie stehen uns bestimmt gerne Modell für das eine oder andere Foto. Das Gleiche gilt für wilde Tiere: Wir füttern sie nicht, halten Abstand und beobachten sie aus der Ferne.

- **Auf den Wegen bleiben:** Wer die vorgegebenen Wege verlässt, dringt nicht nur in die Rückzugsräume heimischer Arten ein, sondern trägt auch dazu bei, dass sich neue Wege bilden, was zur Erosion des Bodens führt.

- **Abfall wieder mitnehmen:** Plastikverpackungen jeglicher Art, Dosen, Flaschen und Papiertaschentücher (es dauert Jahre, bis sich ein einzelnes Taschentuch vollständig abgebaut hat!) gehören nicht in die Natur, sondern artgerecht entsorgt. Am besten gleich eine wiederverwendbare Brotdose oder Trinkflasche mitnehmen. Dazu zählen natürlich auch Toilettenpapier und der Inhalt von (Chemie-)Toiletten. Entsprechende Entsorgungsstationen finden sich überall.

- **Lokal kaufen:** Dadurch lernen wir Land und Leute besser kennen und unterstützen die regionale Wirtschaft, außerdem sind regionale Produkte meist auch preisgünstiger und qualitativ hochwertiger.

So, wie wir die Umwelt respektieren, wollen wir auch unseren Mitmenschen und deren Kultur Respekt entgegenbringen, gerade im Hinblick auf deren Traditionen, Religion oder typische Gebräuche. So können ein Lächeln oder ein paar Worte in der Landessprache Berge versetzen!

DIE KLASSISCHE EINSTIEGSROUTE

Auf der Fähre beginnt der Urlaub. Das Auto oder Wohnmobil ist im Schiffsbauch geparkt, und ohne weiteres Zutun nähert man sich Stunde für Stunde der südschwedischen Küste. Dort warten Strände, Felder und Dörfer mit Backsteinhäusern.

In den Gewässern vor 1 **Trelleborg** herrscht immer Betrieb. Mehrmals am Tag kommen Fähren aus Travemünde und Rostock sowie aus dem polnischen Swinemünde und dem litauischen Memel an. Sie haben neben Güterlieferungen auch zahlreiche erwartungsvolle Touristen an Bord, die die skandinavische Halbinsel auf eigene Faust erkunden möchten. In Trelleborg beginnen die besten Roadtrips – entweder entlang der schwedischen Westküste gen Norwegen oder über die Ostküste in die Bullerbü-Idylle und nach Stockholm.

Wir folgen dem Strom von der Fähre nach links und biegen in die Fernver-

INFO

Start: Fährhafen von Trelleborg
Ziel: Borgholm auf Öland
Länge: ca. 410 Kilometer
Dauer: 1–3 Tage
Beste Reisezeit: Mitte Mai – Mitte August

In Smygehuk – am südlichsten Punkt Schwedens – kann man anhalten und durchatmen.

kehrsstraße Riksväg 9 ein. Auf dem Weg zu **1 Smygehuk**, dem südlichsten Punkt Schwedens, geht es gemächlich von Dorf zu Dorf, denn mehr als 80 km/h sind ohnehin nicht drin. Die Landschaft, die man dabei eingehend betrachten kann, überrascht mit ihren »nicht richtig schwedisch« aussehenden Feldern und Bauernhöfen aus Backstein. Wo sind die roten Häuschen, die Seen und die Schäreninseln? Auf die müssen wir noch warten, denn die ersten beiden historischen Provinzen, die wir durchqueren, – Skåne (dt. Schonen) und Blekinge – gehörten bis 1658 zu Dänemark.

Das mag lange her sein, doch der Einfluss des Nachbarlandes auf die Architektur macht sich noch immer bemerkbar. Auch landschaftlich unterscheidet sich das flache, stark landwirtschaftlich genutzte Skåne vom Rest Südschwedens. Das bedeutet aber nicht, dass die Region dadurch an Reiz einbüßt – im Gegenteil: Die fruchtbaren Böden bringen allerlei Obst und Gemüse hervor. Die Erzeugnisse der Region zu kosten, die auch »Schwedens Vorratskammer« genannt wird, gehört jedenfalls zu einer Reise durch Skåne dazu.

Die Ostseeinsel Öland zeigt sich flach, ländlich und voller alter Windmühlen.

Eine Fahrstunde nach Trelleborg erreichen wir **2 Ystad**, die liebliche Stadt mit Fachwerkhäusern und einem mittelalterlichen Kloster. Dort löst der fiktive Kommissar Wallander seine Fälle, was dem Ort internationale Bekanntheit beschert hat. In Wirklichkeit zeigt sich Ystad unendlich friedlich. Danach folgen wir nicht der Straße 9 geradewegs nach Simrishamn, sondern machen den Schlenker über den Östra Kustvägen an der Küste entlang und zur Schiffssetzung Ales Stenar. Bei Ystad beginnt übrigens der schonische Landstrich **3 Österlen**, der für seine reizvolle Landschaft mit leuchtenden Rapsfeldern bekannt ist.
Gestärkt mit dem schonischen Auflauf Äggakaka und aromatischem Apfelsaft ziehen wir weiter. An der Strecke liegt Åhus, die Heimat von Absolut Vodka. Im Erlebniszentrum Absolut Home können Interessierte bei der Absolut Home Tour hinter die Kulissen blicken. Wir folgen der Straße 118 und stoßen bei Kristianstad auf die Autobahn E22, auf der wir die Provinz Blekinge durchqueren. Stopps bieten sich in **4 Ronneby** und **4 Karlskrona** an.

Über Kalmar nach Öland

Etwa 90 Fahrminuten später verlassen wir die E22 an der Ausfahrt Kalmar Södra und steuern die historische Stadt **5 Kalmar** an der Ostsee an. Die Überfahrt über die sechs Kilometer lange Brücke auf die Insel **6 Öland** ist glücklicherweise gratis. Allein dort könnte man einen ausgedehnten Roadtrip unternehmen und wochenlang Urlaub machen. Auf keinen Fall verpassen sollte man jedoch den Hauptort Borgholm und das Freilichtmuseum Himmelsberga im Norden der Insel.

GASTSTÄTTEN & UNTERKÜNFTE

EINKEHREN

FRIDOLFS KONDITORI (YSTAD)
Die Leser der »Wallander«-Krimis kennen die Konditorei aus den Büchern. Das schlichte Café führt viele verschiedene Gebäcksorten, darunter die mit blauem Marzipan überzogene Wallander-Torte.
www.facebook.com/FridolfsKonditori

BUHRES PÅ KIVIK (KIVIK)
Eine wahre Oase für alle, die gerne Leckeres aus dem Meer essen: Das moderne Restaurant am Hafen hat allerlei frischen und geräucherten Fisch. Man kann Delikatessen an der Theke kaufen, durch die Luke Hering auf die Hand holen oder sich im Bistro niederlassen.
www.buhres.se

MONTMARTRE (KARLSKRONA)
Nach dem Rundgang durch die Hafenstadt bietet diese beliebte Pizzeria eine Stärkung zu moderaten Preisen. Da gönnt man sich auch gerne mal Miesmuscheln als Vorspeise.
www.montmartre.se

PARK I PARKEN (KALMAR)
Im Stadtpark liegt dieses moderne Lokal mit vielen Plätzen im Freien und Blick aufs Schloss. Einfallsreiche skandinavische Küche mit internationalen Einflüssen.
www.instagram.com/parkiparken

ARONTORPS KROPPKAKOR & MAT (FÄRJESTADEN)
Gleich nach der Überfahrt über die Ölandbrücke kann man die Spezialität der Insel probieren: deftige, mit Speck gefüllte Kartoffelklöße namens »Kroppkakor« an Sahnesoße und Beerenkonfitüre.
www.kroppkakor.se

ÜBERNACHTEN

ANNO 1793 SEKELGÅRDEN (YSTAD)
Das charmante Städtchen Ystad lebt von seinen Fachwerkhäusern, und hier – in diesem familiengeführten Boutiquehotel – kann man in einem besonders gepflegten Exemplar übernachten. Bei schönem Wetter schmeckt das Frühstück im grünen Innenhof.
www.sekelgarden.se

BRANTEVIK RÅKULLE VANDRARHEM (BRANTEVIK)
Im malerischen Dorf Brantevik liegt dieses einfache, aber gemütliche Hostel. Der Hof mit Teilen aus dem 18. Jahrhundert hat 15 Zimmer und zwei Gästeküchen. Das hochwertige Frühstück sowie geführte Ausflüge in die Umgebung können dazugebucht werden.
www.rakulle-vandrarhem.se

FRIMURAREHOTELLET (KALMAR)
In einer gemütlichen Ecke des Stadtkerns, gleich neben dem ehemaligen Stadttor Västerport, liegt das historisch angehauchte »Freimaurerhotel«. Das Gebäude ist bis heute im Besitz des schwedischen Freimaurerordens
www.frimurarehotellet.se

VILLA INGRID (BORGHOLM)
In ruhiger Lage und doch nur wenige Gehminuten vom Zentrum entfernt, befindet sich diese stilvolle Villa aus den 1930er-Jahren. Neben dem Garten stehen Gästen auch Gemeinschaftsräume zur Verfügung.
www.villaingrid.se/de

Das »Freimaurerhotel« in Kalmar liegt zentral und hat historischen Charme.

Smygehuk ist einen Fotostopp wert.

1

TRELLEBORG & SMYGEHUK

DAS TOR ZU SKANDINAVIEN

Für viele Selbstfahrer ist Trelleborg die erste oder letzte Station auf ihrer Rundreise durch Skandinavien. Kurz anhalten lohnt sich, entweder um die Wikingerburg zu bestaunen oder für einen Fotostopp an Schwedens südlichstem Punkt.

Die Hafenstadt Trelleborg versteht sich als Tor zu Skandinavien, was aufgrund der regelmäßigen Fährverbindungen nach Norddeutschland und Polen auch plausibel ist. Für viele Selbstfahrer und Camper beginnt der Urlaub bereits auf dem Schiff. Nach dem Anlegen drücken die meisten aufs Gaspedal, um weiter ins Land vorzudringen, etwa auf der Route entlang der Westküste in Richtung Norwegen oder auf der beliebten Südschweden-Rundreise nach Småland.

Trelleborg selbst hat noch einiges an Arbeit vor sich, bis sich ein längerer Aufenthalt lohnt. Doch einen Abstecher ist die rekonstruierte Ringburg aus der Wikingerzeit – die namensgebende »Trelleborgen« – schon jetzt wert. Die Anlage im Freien ist tagsüber gratis zugänglich, und gegen ein bescheidenes Eintrittsgeld kommt man auch in die Innenräume mit Museum (bis 20 Jahre frei).

Etwa 15 Kilometer weiter östlich liegt Smygehuk, Schwedens südlichster Punkt. Über 300 000 Besucher halten hier jedes Jahr an, wenn auch meistens nur für eine halbe Stunde, um sich am Hafen ein Eis zu holen, einen Schnappschuss am Fotopunkt zu machen, die Statue »Famntaget« zu verewigen und durch die Galerie Köpmansmagasinet zu stöbern, wo es Kunsthandwerk aus der Region zu kaufen gibt.

TIPP

HOFLÄDEN IN SKÅNE

Unterwegs sollte man nach Schildern mit der Aufschrift »Gårdsbutik« (dt. Hofladen) und einem stilisierten, runden Aushängeschild Ausschau halten. Dahinter verbirgt sich immer eine Überraschung: mal eine Hütte mit Kasse des Vertrauens, mal ein großer Bauernhof mit Gastronomie.
www.visitskane.com/de/experiences/essen-trinken

2

Im malerischen Ystad spielen die »Wallander«-Krimis.

YSTAD

FACHWERKHÄUSER UND FILMKULISSEN

Fans von Kommissar Wallander kennen die Stadt an der südschwedischen Küste als Zentrum vieler Ermittlungen. Kriminell ist dort in Wahrheit aber nichts: Ystad zeigt sich als Idylle mit Fachwerkhäusern, Fußgängerzone und Franziskanerkloster.

Wenn das Navi vorschlägt, Ystad zu umfahren, sollte man ihm nicht folgen: Das hübsche, 20 000 Einwohner starke Städtchen zu verpassen, wäre zu schade. Und seine Reize eröffnen sich erst, wenn man anhält und durch die Pflastergassen schlendert. Dort reihen sich nämlich Fachwerkhäuser aus dem 17. und 18. Jahrhundert aneinander. Dieser für Schweden untypische Baustil – ebenso wie der allgegenwärtige Backstein im Rest von Skåne – lässt sich dadurch erklären, dass die Provinz bis 1658 zu Dänemark gehörte. Sehenswert sind auch die Sankt-Marien-Kirche und das 1258 gegründete Franziskanerkloster St. Petri (Gråbröderklostret), in dem sich heute das Stadtmuseum befindet. Der schwedische Schriftsteller Henning Mankell (1948–2015) hat Ystad mit seiner Krimireihe über den griesgrämigen Polizisten Kurt Wallander weltbekannt gemacht. In der Touristeninformation kann man sich Stadtpläne besorgen, auf denen Orte aus den Büchern und Verfilmungen eingezeichnet sind. Einige »Wallander«-Szenen und auch Teile der dänisch-schwedischen Kooperation »Die Brücke« wurden in den örtlichen Filmstudios gedreht. Im Ystad Studios Visitor Center können ausgewählte Originalkulissen bestaunt werden. www.ystad.se/kultur/film-i-ystad

TIPP

ALES STENAR

Knapp 20 Kilometer östlich von Ystad wartet Schwedens südlichste Sehenswürdigkeit: die mysteriöse Schiffssetzung Ales Stenar. Dort, auf einem Bergrücken bei Kåseberga, wurden 59 Steine zu einem Oval aufgestellt. Der Zweck der 67 Meter langen Steinsetzung ist bis heute nicht geklärt. Es könnte sich um ein Grabmal oder auch einen Sonnenkalender handeln.

DREI RADWEGE VON FORMAT

AUF ZWEI RÄDERN DURCH SÜDSCHWEDEN

Die flachen Provinzen im Süden von Schweden sind nicht nur mit dem Auto angenehm zu durchfahren, sondern sie eignen sich auch für ausgedehnte Radtouren. Unter dem gemeinsamen Namen »South Sweden Trails« ziehen sich drei Radwanderwege von »nationalem Standard« durch den Landesteil.

Die drei Fernradwege Sydkustleden, Sydostleden und Kattegattleden gehen nahtlos ineinander über und bieten zusammengenommen 900 Kilometer Fahrspaß. Sie wurden zwischen 2015 und 2019 eingeweiht und gelten als Routen von nationalem Standard. Das bedeutet, dass die Wege bestimmten Qualitätsvorgaben entsprechen und die Radfahrer sich nicht fernab der Zivilisation bewegen, sondern unterwegs regelmäßig die Möglichkeit haben, Proviant einzukaufen oder auf andere Verkehrsmittel umzusteigen.

Das Praktische an Südschweden ist, dass man in den Regionalzügen Fahrräder mitnehmen kann. Die Züge heißen – je nach Region – Pågåtåg (Skåne), Västtåg (Westschweden) und Öresundståg (überregional). Die schwedische Eisenbahn (SJ) hingegen erlaubt keine Fahrräder an Bord, was Radreisen in Schweden generell erschwert. Die südschwedischen Regionalbahnen sind jedoch entsprechend ausgerüstet und befördern Fahrräder nach dem Prinzip: »Wer zuerst kommt, mahlt zuerst.« Sollte der Zug also voll sein, muss man auf den nächs-

← Am Südküstenradweg liegt neben Ystad auch die Schiffssetzung Ales Stenar.
↙ Das flache Südschweden ist radfreundlich für Groß und Klein und es gibt mehrere Radvermieter.

ten warten, was aber nicht allzu oft vorkommt. So können Selbstfahrer ihr Auto an der Radroute parken, eine Etappe radeln und mit dem Zug zum Ausgangspunkt zurückkehren.

Der Südküstenradweg

Auf 260 Kilometern geht es die gesamte Küste von Skåne entlang. Hundert davon decken sich mit der Fahrroute in diesem Kapitel. Das sind die beiden Etappen von Trelleborg nach Ystad und von Ystad nach Simrishamn. Letztere lohnt sich dank mehreren radfreundlichen Stopps ganz besonders: Man passiert auf einer Strecke von etwa 50 Kilometern das Weingut Nordic Sea Winery, das Naturschutzgebiet Backåkra mit dem Bauernhof von UNO-Generalsekretär Dag Hammarskjöld (1905–1961), die »Steine von Ale« (Ales Stenar), das lebendige Fischerdorf Brantevik und den Sandstrand Sandhammaren. Die Rückfahrt nach Ystad mit dem Regionalzug Pågåtåg dauert nur 40 Minuten und ist stündlich möglich. Fahrscheine können bequem über die App Skånetrafiken gelöst werden, die auf Englisch verfügbar ist.

Der Südostradweg

In Simrishamn schließt der in sieben Etappen unterteilte Sydostleden an. Bis Karlshamn folgt er – wie der hier beschriebene Roadtrip – der Küste. Dann zweigt er allerdings ins Landesinnere ab und verläuft durch das ländliche Småland: am See Åsnen vorbei und bis nach Växjö – und bietet damit eine gute Möglichkeit, einen anderen Weg zu nehmen als den, den man mit dem Auto zurücklegt, und noch mehr vom Land zu sehen. Die gut 30 Kilometer von Karlshamn nach Fridafors folgen dem Fluss Mörrumsån, der unter Anglern für sein Lachsvorkommen bekannt ist. Auch das Industriedenkmal Ebbamåla Bruk ist ein Highlight dieser Etappe. Allerdings gibt es auf dieser Strecke keine Zugverbindung, sodass man auch wieder zum Ausgangspunkt zurückradeln muss. Die Busse in Blekinge nehmen nämlich keine Räder mit.

Der Kattegatradweg

Der 390 Kilometer lange Radweg zwischen Helsingborg und Göteborg deckt sich ziemlich genau mit dem Roadtrip von Malmö nach Göteborg (ab Seite 34). Die Route ist in acht Etappen unterteilt. Auch sie nimmt die Kulla-Halbinsel mit und durchfährt außerdem die Bjäre-Halbinsel. In Halland verbindet der Radweg die drei Städte Halmstad, Falkenberg und Varberg, die im Abstand von 40 bis 60 Kilometern jeweils ein Etappenziel bilden. Der vorletzte Abschnitt zwischen Varberg und Kungsbacka kommt nicht nur am reizvollen Tudorschloss Tjolöholm vorbei, sondern verläuft auch näher an der beginnenden felsigen Schärenküste als die Autobahn.
www.southswedentrails.de

SYDOSTLEDEN	SYDKUSTLEDEN	KATTEGATTLEDEN
Växjö (Småland)–Simrishamn (Skåne)	Simrishamn (Skåne)–Helsingborg (Skåne)	Helsingborg (Skåne)–Göteborg (Westschweden)
274 Kilometer	260 Kilometer	390 Kilometer
7 Etappen	6 Etappen	8 Etappen

Rund um Kivik erstreckt sich eine hügelige Gegend.

3

KÜSTE VON ÖSTERLEN

LANDSTRICH MIT CHARAKTER

Der Südosten von Skåne bietet landschaftliche Schönheit, Kulinarik und Ausflugsziele auf relativ kleiner Fläche. Wer sich an der Küste von Österlen entlanghangelt, anstatt durchs Hinterland abzukürzen, wird mit fotogenen Stopps belohnt.

Um die südöstlichste Ecke zieht sich Sandhammarens Strand mit feinem Sand und Dünen. Für viele Schweden ist es die schönste Badestelle des Landes. Kurz darauf folgt die ungewöhnlich gut erhaltene, aus dem Mittelalter stammende Burg Glimmingehus. Dabei darf man sich unter »Burg« keine ausladende Anlage vorstellen, denn Glimmingehus besteht nur aus einem einzelnen Gebäude. »Hus« bedeutet ja auch »Haus«. Ein dänischer Ritter ließ es 1499 errichten, und zwar 26 Meter hoch, mit drei Etagen samt Keller und aus schonischem und gotländischem Sandstein.

Von dort fährt man nur eine Viertelstunde in den charmanten Küstenort Brantevik, der ein paar nette Gaststätten hat. Am Wasser entlang führt ein hinreißender, fünf Kilometer langer Spazier- und Radweg in den Nachbarort Simrishamn. Nördlich von Simrishamn überragt der 97 Meter hohe Hügel Stenshuvud (»Steinkopf«) die nahen Strände. Nach ihm ist der umliegende Nationalpark benannt. Beim Parkplatz startet ein zwei Kilometer langer Rundweg zum höchsten Punkt, von dem man eine gute Aussicht hat. Und im Norden von Österlen bieten die Hügel von Brösarp (Brösarps Backar) einen ungewöhnlichen Anblick in der sonst flachen Landschaft.

TIPP

KIVIK – DAS APFELMEKKA

Unmittelbar neben dem Nationalpark Stenshuvud liegen die weitläufigen Apfelplantagen der Kellerei Kiviks. Dort dreht sich alles um das gesunde Obst. Im Restaurant Kärnhuset (»Kerngehäuse«) gibt es mit Äpfeln verfeinerte Gerichte, außerdem werden Apfelweinverkostungen und Führungen angeboten. Im Laden findet man Säfte und leckeren Proviant.
www.kiviksmusteri.se

4

Die Friedrichskirche in Karlskrona wurde 1744 eingeweiht.

KARLSKRONA & RONNEBY

SÜDLICHE SCHÄRENKÜSTE

Die kleine, weniger bekannte Provinz Blekinge wartet mit Schwedens südlichstem Schärengarten auf. Allein die Hauptstadt Karlskrona umfasst 33 Inseln. Etwas im Hinterland hingegen liegt der grüne Kurort Ronneby.

Mit 300 Küstenkilometern und rund 1650 Inseln ist die historische Provinz Blekinge ganz klar dem Wasser zugewandt. Ein Stopp in Karlskrona gehört auf den Reiseplan, denn die Stadt ist nicht nur wegen ihrer außergewöhnlichen Geografie sehenswert, sondern bietet auch spannende Einblicke in die schwedische Geschichte. Sie wurde 1679 als Flottenstützpunkt gegründet, und der gut erhaltene Marinehafen gehört zum UNESCO-Weltkulturerbe. Das Marinemuseum informiert bei freiem Eintritt anschaulich über die Geschichte der schwedischen Flotte.

Westlich von Karlskrona liegt die Ortschaft Ronneby. Vom Zentrum aus folgt man zu Fuß dem Fluss Ronnebyån, der gemächlich in Richtung Ostsee fließt. So gelangt man in die grüne Lunge des Kurortes: den Brunnspark. Durch die üppige Umgebung ziehen sich mehrere Spazierwege, außerdem kann man einen Wasserfall und verschnörkelte Gebäude aus dem späten 19. Jahrhundert entdecken. Damals erlebte die Anlage ihre Glanzzeit und lockte Gäste mit gesundheitsfördernden »Stahlbädern« an. Das Besucherzentrum Naturum Blekinge bietet eine Ausstellung über die 300-jährige Geschichte des Parks, die Schärenlandschaft sowie Flora und Fauna der Provinz (ebenfalls freier Eintritt).

TIPP

GUT ERSCHLOSSENE LANDSCHAFT

Wer mehr von Blekinges Schärengarten sehen möchte, wird die App »Ark56« nützlich finden. Der Name steht für ein Netz aus Rad- und Wanderwegen sowie Paddelstrecken und Fährverbindungen im Archipel. An 13 Knotenpunkten mit Serviceeinrichtungen kann das Transportmittel gewechselt werden.
www.ark56.se

PERLE AN DER OSTSEE

Die Hafenstadt Kalmar erlaubt Einblicke in entscheidende Momente der schwedischen Geschichte. Das sehenswerte Schloss erinnert an acht bewegte Jahrhunderte, und im Heimatmuseum geht's um ein versunkenes Segelkriegsschiff.

Kalmar, die heute knapp 40 000 Einwohner zählende Hafenstadt im Süden von Småland, ist teilweise auf Inseln erbaut, und der Stadtkern liegt auf der Insel Kvarnholmen. Den Mittelpunkt bildet der Marktplatz, der in so ziemlich jeder schwedischen Stadt gleich heißt: »Stortorget«, der »große Platz«. Dort erhebt sich der Dom zu Kalmar, der 1703 fertiggestellt wurde und zu Nordeuropas am besten erhaltenen Barockkirchen gehört. Von dort lassen sich die Sehenswürdigkeiten erlaufen.

Zwei Museen illustrieren die Geschichte der Stadt, die eine zentrale Rolle in der skandinavischen Geschichte gespielt hat: das Provinzialmuseum (Kalmar Läns Museum) und das Seefahrtsmuseum (Kalmar Sjöfartsmuseum). Praktischerweise liegen sie gleich nebeneinander. Den Höhepunkt des Provinzialmuseums bildet die Dauerausstellung zum Segelkriegsschiff »Kronan«, das 1676 vor der südöstlichen Küste der Insel Öland aufgrund einer Explosion gesunken ist. Modelle, Bilder, Videos, nachgebaute Räume und zahlreiche

5

↑ Im Schloss illustriert ein Modell die historische Entwicklung der Anlage und der Stadt.
↙ Das Schloss von Kalmar liegt auf einer vorgelagerten Insel, die man nach einem Spaziergang durch den liebevoll gestalteten Stadtpark erreicht.

geborgene Gegenstände erzählen vom tragischen Schicksal der »Krone«, die als mächtigstes Schiff der schwedischen Großmachtzeit galt und neben der in Stockholm ausgestellten »Vasa« zu den größten Segelschiffen des 17. Jahrhunderts zählte. Das Wrack liegt bis heute am Meeresgrund, doch jeden Sommer steigen Taucher hinab und bergen weitere Artefakte.

Historisches Trio

Wer sich auch nur oberflächlich mit der Geschichte Skandinaviens befasst, stößt bald auf den Begriff »Kalmarer Union«: die Vereinigung der Königreiche Schweden, Dänemark und Norwegen, die von 1397 bis 1523 bestand und als Gegengewicht zur deutschen Hanse fungierte. Ihr Name geht darauf zurück, dass der Vertrag in Kalmar unterschrieben wurde, und zwar von rund 70 geistlichen und weltlichen Vertretern der drei Staaten.

Die Loslösung Schwedens unter Gustav Eriksson (später König Gustav Vasa, 1496–1560) markierte das Ende der Union. Während seiner 27-jährigen Herrschaft ließ König Gustav Vasa die mittelalterliche Burg von Kalmar zu einem zeitgemäßen Schloss ausbauen. Damals hatten schwedische Könige nämlich noch keinen festen Regierungssitz, sondern reisten mit ihrem Gefolge durchs Land. Als Gustav Vasa 1552 in Kalmar überwinterte, zogen ganze 365 Personen mit ihm ins Schloss.

Heute können sich Besucher des Schlosses, das auf der vorgelagerten Insel Slottsholmen liegt, auf eine anschauliche Ausstellung freuen. Sie ist sogar auf Deutsch beschildert. In der ehemaligen Wohnung des Statthalters widmet sich die Schau »800 Jahre Krieg, Macht und Ehre« der Geschichte des Schlosses und seiner Bewohner. Jeder Raum beschäftigt sich mit einem anderen Thema, etwa den Königen und Prinzessinnen der Vasa-Dynastie, der Baugeschichte, der Wissenschaft in der Zeit der Renaissance – und den höfischen Esstraditionen. Im »grauen Saal« ist sogar ein österliches Bankett nachgebildet, wie es König Johan III. 1586 veranstaltet haben soll. Und in der üppig ausgestatteten Schlossküche blickt man hinter die Kulissen eines Festmahls um diese Zeit. Im Sommer gibt's obendrein ein interaktives Programm für Familien.

TIPP

KUNSTMUSEUM

Im Stadtpark von Kalmar, zwischen Stadtkern und Schloss, befindet sich das 2008 eingeweihte Kunstmuseum in einem modernen Bau. Es zeigt überwiegend Gemälde aus der 3000 Exponate umfassenden Sammlung: Werke der schwedischen Romantik sowie Bilder von regionalen Künstlern des 19. und 20. Jahrhunderts und der Gegenwart.
www.kalmarkonstmuseum.se

DAS GLASREICH ERKUNDEN

Eine Fahrstunde von der Küste entfernt, zwischen Kalmar und Växjö, liegt das schwedische »Glasreich« (Glasriket). Dort wird schon seit 1742 Glas geblasen. Drei besonders sehenswerte Glashütten – Kosta Glasbruk, Målerås Glasbruk sowie Mickejohans Konstglas in Orsjö – bieten jeweils einen Fabrikverkauf und Möglichkeiten, den Glasbläsern über die Schulter zu blicken. Die kreative Seite des Glashandwerks zelebriert außerdem die 2009 eröffnete Glass Factory in Boda. In einem der größten skandinavischen Museen seiner Art zeigt sie Glanzstücke aus der Geschichte des schwedischen Glasreichs.
www.destinationkosta.eu,
www.maleras.se/en/visit-us,
www.mickejohanskonstglas.se,
www.theglassfactory.se

6

ÖLAND

SO NAH UND DOCH SO ANDERS

Die Ostseeinsel Öland liegt gerade einmal sechs Kilometer vom Festland entfernt, und doch könnte der Kontrast zum grünen, seenreichen Småland kaum größer sein. Im Süden breitet sich eine Landschaft aus, die trotz – oder gerade wegen – ihrer Kargheit zum UNESCO-Welterbe gehört.

Öland gehört zu Schwedens beliebtesten Urlaubszielen. Vor allem Landsleute verbringen hier die schönste Zeit des Jahres: Sie gehen an den Stränden baden, lassen sich Delikatessen aus den Hofläden schmecken und radeln mal quer, mal längs über die Insel. Das milde Klima sorgt dafür, dass man viel aus seinem Aufenthalt herausholen kann. Und weil der einen Tag, ein Wochenende oder mehrere Wochen dauern kann, bildet Öland den Abschluss dieser Route: Wer nicht will, muss nicht weiterfahren.

Wo Royals Urlaub machen

Wer auf Öland Erholung sucht, befindet sich in bester Gesellschaft: Auch die schwedische Königsfamilie bezieht Jahr für Jahr zwischen Juni und August ihr Sommerdomi-

zil, das Schloss Solliden (www.sollidensslott.se/schloss-solliden). Doch sogar in dieser Zeit lassen sie sich in den Garten gucken: Während das Innere des Hauses streng privat ist, steht der Schlosspark von Mitte Mai bis in den Herbst hinein Besuchern offen. Der Rundgang verläuft einmal um das strahlend weiße Schloss herum durch verschieden gestaltete Bereiche. Nicht nur Gartenfans finden hier Inspiration.
Gleich daneben befindet sich die Ruine des Schlosses Borgholm (www.borgholmsslott.se), das im 12. Jahrhundert als Wehrturm begann und aufgrund seiner strategischen Lage immer weiter ausgebaut wurde. Nachdem jedoch die südlichen Provinzen 1658 von Dänemark an Schweden übergingen, verlor es an Bedeutung und stand lange leer. Im Jahre 1806 brannte es bis auf die Grundmauern nieder. Die erhaltenen Gemäuer beherbergen die Ausstellung »Aufstieg & Fall« zur 900-jährigen Geschichte des Schlosses. Im Sommer dient der Innenhof als stimmungsvolle Kulisse für Konzerte.

↑ Der Eingang ins Freilichtmuseum Himmelsberga ist so altertümlich wie der Rest der Gebäude.
← Vom mittelalterlichen Schloss Borgholm ist nur noch eine Ruine übrig. Eine Ausstellung informiert über die 900-jährige Geschichte.

Insel der Bauern

Doch eigentlich ist Öland eine Insel der Bauern. Zumindest der südliche Teil ist nämlich seit etwa fünf Jahrtausenden besiedelt; dort haben bereits in der der Eisenzeit Menschen ihre Spuren hinterlassen. Diese lange Geschichte landwirtschaftlicher Nutzung hat Südöland einen Platz auf der UNESCO-Weltkulturerbeliste eingebracht.
Aber nicht nur die Dauer ist erstaunlich, sondern auch die landschaftlichen Gegebenheiten: Die Insel ist nicht etwa ein Paradies mit fruchtbaren Böden, sondern – ganz im Gegenteil – stellenweise überaus karg: Das südliche Drittel wird vom Kalksteinplateau Stora Alvaret dominiert. Hier ließ sich zwar nichts anbauen, aber immerhin konnten dort Schafe grasen. Und das tun sie noch immer: Wer auf Öland mit dem Fahrzeug unterwegs ist, sollte stets die Augen offen halten, um nicht ein dunkelgraues Wollbüschel zu rammen. Die Schafe sind ebenso typisch für die Insel wie Windmühlen und flache Steinmauern.
Das Freilichtmuseum Himmelsberga vermittelt anschaulich, wie es sich auf Öland früher gelebt hat: Dort kann man historische Häuser in einem sogenannten Reihendorf begehen. Außerdem stellen lokale Künstler ihre Werke aus, denn Öland ist mit seinem warmen Licht und der besonderen Landschaft auch ein Ort der Inspiration. Und den sollte man auskosten, wenn man schon einmal hier ist – übrigens auch im wahrsten Sinne des Wortes: Auf Öland wird nach wie vor vieles angebaut, und beim Erntefest im Herbst öffnen zahlreiche Betriebe ihre Türen für Besucher. Auch den Rest des Jahres sorgen Hofläden, Restaurants und Cafés für das leibliche Wohl der Gäste. Ob bei der Spezialität Kroppkakor (deftige Klöße mit Fleischfüllung) oder bei leichten Kreationen aus dem ersten jungen Gemüse: Die Liebe zu Öland geht auch durch den Magen.
www.oland.se und www.olandsmuseum.se

TIPP

EKETORPS BORG
Besonders für Familien ein unerlässlicher Stopp: Die (landesweit einzige) rekonstruierte Ringburg Eketorp aus der Eisenzeit setzt Ölands frühen Bewohnern ein Denkmal. In der Sommersaison füllt sich die Anlage mit Leben. Außerhalb der Öffnungszeiten kann man sich die Gebäude innerhalb des schützenden Ringes immerhin von außen ansehen.
www.eketorpsborg.se

LÅNGE JAN & OTTENBY
An Ölands Südspitze erhebt sich der begehbare Leuchtturm »Langer Jan«. Mit 42 Metern ist er sogar der höchste von Schweden. Von oben hat man einen weiten Blick über das umliegende Vogelschutzgebiet Ottenby, das im Frühling zahlreiche Hobbyornithologen anzieht.
www.langejan.se

FACETTENREICHE KÜSTENREGION

Wer es eilig hat, schafft die rund 270 Kilometer von Malmö nach Göteborg in drei Stunden. Aber will man das? Südschwedens Küste an den Meerengen Öresund und Kattegat hat viele Highlights und Abstecher zu bieten, die das Anhalten und Verweilen rechtfertigen. Wir erkunden zwei historische Provinzen und haben stets das Meer im Blick.

Nach der betörend schönen (und kostspieligen) Überfahrt über die knapp acht Kilometer lange Öresundbrücke erwartet uns Schwedens drittgrößte Stadt **1 Malmö** mit der Altstadtinsel, der von Grünanlagen umgebenen Burganlage und moderner Architektur. Nachdem wir uns die Beine vertreten und an die schwedische Sprache gewöhnt haben, geht es über die Autobahn E22 in die Universitätsstadt **2 Lund**. Um ihren Charme und die Ausflugsmöglichkeiten auszukosten, bietet sich hier eine erste Übernachtung an.

Über die Autobahn E6/E20 kommen wir wieder an die Küste, und zwar nach **3 Landskrona**. Von dort gibt es täglich mehrere Fährverbindungen auf die kleine, aber feine Insel **3 Ven**. Im Gegensatz zur Küste nördlich von Göteborg sowie weiten Teilen der Ostküste ist der tiefe Süden kaum mit Inseln gesegnet, sodass der Ausflug nach Ven eine einmalige Chance bietet.

INFO

Start: Malmö (Öresund-Brücke)
Ziel: Göteborg
Länge: ca. 430 Kilometer
Dauer: 2–4 Tage
Beste Reisezeit: Mai – Mitte August

Die Zitadelle in Landskrona zählt zu Schwedens am besten erhaltenen Festungen.

0 10 km
N
Säve
Lerum
Töllsjö
Fristad
Varnum
Gullered
Huskvarna
Göteborg
Nedsjön
Sjömarken
Borås
Tolken
Ulricehamn
Jönköping
Hönö
Hjuvik
Mölndal
Bollebygd
Dalsjöfors
Åsunden
Bottnaryd
Forserum
Vinga
Trubaduren
Billdal
Hällesåker
Viskafors
Hillared
Mulseryd
Gällstad
Taberg
Tenhult
Härryda
Seglora
Länghem
Fredriksdal
Tistlarna
Särö
E6
Lindome
Sätila
Fritsla
Sexdrega
Dalstorp
Bondstorp
Malmbäck
Kungsbacka
Kinna
Lygnern
Svenljunga
Tranemo
Nitorp
Öreryd
345
E4
Hok
E20
Förlanda
Vaggeryd
377
Tjolöholms slott
Idala
Öresjön
Torestorp
Öxabäck
Orsås
Ambjörnarp
Hestra
Skillingaryd
Vakås
Gottskär
Åsa
Horred
Överlida
Ö. Frölunda
Sjötofta
336
Vrigstad
Vesterø Havn
Læsø
Byrum
Kringelrøn
Frillesås
Nidingen
Viskan
Gunnarsjö
Håcksvik
Gislaved
Nissan
Anderstop
Kulltorp
Nydala
Stockaryd
Falden
Bua
Veddige
Grimmared
Älvsered
Kalvsjön
Hallabäck
Fryele
Hjälmseryd
Rusken
Burseryd
Fegen
Allgunnen
Stamnared
Tångaberg
Värnamo
Fegen
Feniletti
Smålandsstenar
Bredaryd
Lammhult
Varberg
Apelviken
Rolfstorp
Ullared
Ullared Köpcenter
Vidöstern
Bor
Rymmen
Ås
Kattegat
Träslövsläge
Gällared
Ätran
Landeryd
Källerstad
Dannäs
Tvååker
Askome
Drängsered
Kinnared
Långaryd
Bolmsö
Flåren
Horda
Torup
Hyltebruk
Dörarp
Glommen
Årstad
Moshult
Rydöbruk
Unnaryd
Berga-Lagan
Rydaholm
Moheda
Falkenberg
Heberg
Fröslida
Femsjö
Unnen
Bolmsö
Lagan
Alvesta
Bolmen
Bolmstad
Odensjö
Getinge
Oskarström
Ryssby
Kvibille
Lidhult
Berghem
Ljungby
Salen
Sennan
Anholt Knob
Anholt
Haverdal strand
Sperlingsholm
Simlångsdalen
204
Annerstad
178
Vislanda
Holm
Agunnaryd
S. Ljunga
Ljushult
Vrå
Torpa
Tylögrund
Tylösand
Halmstad
Fyllinge
Hamneda
Möckeln
Eneryda
Torne
Liatorp
Ormhult
Mästocka
Hinneryd
Virestad
Laholmsbukten
Veinge
183
Knäred
Tjärnö
Delary
Femlingen
Strömsnäsbruk
Älmhult
Härädsbäck
Gjerrild
Laholm
Lagan
Barkhult
Grenaa
Skummeslövsstrand
Hishult
Helge å
Killeberg
Hallands Väderö
Båstad
Vallberga
Markaryd
Älsø
Torekov
Västerp
Misterhult
Östra Karup
Lönsboda
V. Karup
Skånes-Fagerhult
Skälderviken
Förslöv
Verum
Osby
Vittsjö
Vilshult
Kullen
Nimis
139
Arild
Arild's Vineyard
Åsljunga
Hästveda
Mölle
Munka-Ljungby
Glimåkra
Ängelholm
Örkelljunga
Olofström
Eket
180
Jonstorp
Röke
Mala
Broby
Immeln
Höganäs
E20
E4
Oderljunga
175
Ballingslöv
Knislinge
Arkelstorp
Tyringe
Viken
Klippan
Hässleholm
Rågeleje
Gilleleje
Sofiero slott
Ödåkra
Åstorp
Perstorp
Vinslöv
Bromölla
Sjælland
Hornbæk
Hittarp
Hovdala
Österslöv
Ive
Nösjön
Billesholm
Ljungbyhed
173
Kristianstad
Liseleje
Helsingør
Helsingborg
Sösdala
E22
Nymölla
Hundested
Frederiksværk
Esrum Sø
Rörstånga
Tjörnarp
Havnebyen
Rørvig
E47
Spirit of Hven Backafallsbyn
Ekeby
Kågeröd
Rinkaby
Sejerø
Lumsås
Nykøbing
Kulhuse
Hillerød
E55
Tollarp
Åhus
Sejerby
Sejerø Bugt
Isefjord
Gørløse
Ven
Hörsholm
Svalöv
Stehag
Höör
Linderöd
Everöd
Svinninge
Landskrona
V. Ringsjön
Ö. Ringsjön
Yngsjö
Fårevejle
Frederikssund
Birkerød
Hörby
Huaröd
Herrestrup
Stenløse
Søllerød
Lyngby
Kävlinge
Degeberga
Ørø
Hofterup
Dragsholm
62
Svinninge
Skibby
Herlev
Öresund
Löberöd
211
Hanöbukten
Jlstrup
Saltbæk Vig
Holbæk
Selsø
Roskilde Fjord
Bjärred
Lund
S. Sandby
Bjärsjöholm
Kalundborg
Bregninge
Høje Taastrup
KØBENHAVN
Långa Bryggan Bjärred
Vollsjö
Brösarp
Lerchenborg
Roskilde
Lomma hamn
Övedsklosters
185
Kivik
Ubby
Tor-benfeld
Kvanløse
Saltholm
Åkarp
Staffanstorp
Sjöbo
Svallerup
Knösen
99
Tissø
Hvalsø
E47
E20
Malmö
Veberöd
Lövestad
Vik
126
Ishøj
Dragør
Klågerup
Blentarp
Skåne-Tranås
Gärsnäs
Gørlev
Feniletti
Osted
Greve Strannd
Bunkeflostrand
Simrishamn
Ruds Vedby
Store Merløse
Oxie
Tomelilla
Brantevik
Drøsselbjerg
Skjoldenæsholm
E55
Tygelsjö
E65
Svaneholm
Hammenhög
Glimmingehus
E20
Køge
Køge Bugt
Vellinge
Ö. Grevie
Skurup
Sövestad
Slagelse
Sorø
Ringsted
Strøby Egede
Foteviken Museum
E6
Svarte
Ystad
Skillinge
Susa
Vetterslev
Skanör-Falsterbo
Källstorp
Nybrostrand
Vallø
Gjorslev
Höllviken
Hårlev
Abbekås
Korsør
Lundforlund
Glumsø
Store Heddinge
Trelleborg
E22
Käseberga
Sandhammaren
Haslev
Smygehamn
1
2
3
4
5
6
7
8

Den Hauptplatz von Halmstad schmückt der Brunnen »Europa und der Stier« vom schwedischen Bildhauer Carl Milles.

Knapp 30 Kilometer weiter erreichen wir schon **4 Helsingborg**, wieder eine größere Stadt mit Möglichkeiten zum Einkehren und Übernachten.

Halbe Inseln – ganze Schönheit

Wer der Autobahn E6/E20 von Helsingborg direkt nach Norden folgt, schneidet eine lohnende Ecke von Skåne von seiner Reise ab. Da ist es besser, den krummen Straßen über die Dörfer der Kulla-Halbinsel zu folgen, bis man an der Westküste Mölle erreicht: einen Badeort mit langer Geschichte.
Der **5 Kullaberg** ist ein Wanderparadies, aber auch mit dem Auto kommt man an den westlichsten Punkt mit dem markanten Leuchtturm.
Wenn es noch mehr spektakuläre Natur sein darf, bietet sich bei der Weiterfahrt ein Abstecher auf die Bjäre-Halbinsel an. Dazu fährt man von der Autobahn bei Östra Karup ab. Nach wenigen Minuten erreicht man Båstad, die Heimat der großen Opernsängerin Birgit Nilsson (1918–2005). An der Küste der Halbinsel liegen das Naturschutzgebiet Hovs Hallar mit einer fotogenen Steilküste sowie der Urlaubsort Torekov. Von dort setzen Boote auf die Insel Hallands Väderö über.
Weiter geht es über die Autobahn E6/E20 in Richtung Norden. Nachdem bei Båstad die Grenze zwischen den Provinzen Skåne und Halland überwunden ist, folgen die drei größeren Städte Hallands aufeinander: die Hauptstadt **6 Halmstad**, das essfreudige **7 Falkenberg** und die Badeschönheit **8 Varberg**. Zwischen Varberg und Göteborg liegt das sehenswerte Schloss Tjolöholm. Danach verändert sich die Landschaft und gibt einen Vorgeschmack auf die anschließende Tour gen Oslo: Die Strände von Halland weichen einer zerfurchten Schärenlandschaft mit Inseln, Klippen und Buchten. Als Zäsur zwischen seichtem Süden und felsigem Norden eignet sich die quirlige Hafenmetropole Göteborg hervorragend.

GASTSTÄTTEN & UNTERKÜNFTE

EINKEHREN

VÄLFÄRDEN KÖK & KAFFE (MALMÖ)

Ein Insidertipp zehn Gehminuten nördlich von Lilla Torg: In dem Lokal mit durcheinander gewürfelten Möbeln und nostalgischer Dekoration gibt es montags bis freitags die (wahrscheinlich) besten Mittagsangebote der Stadt. Auch Frühstück sowie Kaffee und Kuchen sind im Angebot.
www.valfarden.nu

KLOSTERGATANS VIN & DELIKATESS (LUND)

Einen Steinwurf vom Dom entfernt liegt diese traditionelle Brasserie mit Schachbrettmuster am Boden und großen Fenstern. Mittags und abends werden die Gäste mit schwedischen und französischen Gerichten verwöhnt.
www.klostergatan.se

GARAGE BAR (HÖGANÄS)

Kultverdächtiges, rustikales Lokal mit jugendlichem Flair. Die Stars auf der Speisekarte sind die üppigen Burger mit den leckeren Pommes. Wer hierher kommt, sollte Hunger mitbringen. Den Durst stillen Bier und Erfrischungsgetränke aus der Region.
www.garagebar.se

LILLA NAPOLI (FALKENBERG)

In einem kleinen Container neben einer Autowerkstatt wird unwiderstehliche Pizza auf neapolitanische Art gebacken. Ideal zum Mitnehmen, aber es gibt auch Sitzplätze. Auf der Webseite kann man die gewünschte Anzahl an Pizzen vorbestellen, um sicherzugehen, dass sich der Umweg lohnt.
www.lillanapoli.se/boka

ÜBERNACHTEN

HOTEL CONCORDIA (LUND)

Familiengeführtes Mittelklassehotel in einem Altbau von 1882 und in zentraler Lage. Das gute Frühstück kann man in der überglasten Lobby einnehmen, und an sonnigen Abenden empfiehlt sich ein Picknick auf der Dachterrasse. Moderne Sauna gegen Gebühr.
www.concordia.se

SCANDIC OCEANHAMNEN (HELSINGBORG)

Benannt nach dem neuen Stadtviertel am Meer, ist auch dieses Hotel dem Wasser zugewandt: Schon beim Frühstück überblickt man die Wellen des Öresunds und beobachtet die Fähren, die nach Dänemark übersetzen. Das Hotel wurde erst 2022 eröffnet.
www.scandichotels.de/oceanhamnen

VARBERGS STADSHOTELL & ASIA SPA (VARBERG)

Das Vier-Sterne-Hotel vereint geschmackvoll gestaltete Zimmer, eine Wellnessabteilung von internationalem Standard und ein stilvolles Restaurant unter einem Dach. Es ist in einem 1902 errichteten Gebäude direkt am Hauptplatz untergebracht.
www.varbergsstadshotell.com

Das Stadthotel von Varberg ist wegen seiner guten Lage und der stilvollen Einrichtung beliebt.

1

MALMÖ

KLEINE STADT VON WELT

Schwedens drittgrößte Stadt erfüllt ein jugendliches, multikulturelles Flair. Nach der Fahrt kann man sich in der Altstadt und am Wasser einen halben Tag lang die Füße vertreten, bevor es ins beschauliche Lund weitergeht, wo sich die erste Übernachtung anbietet.

Selbstfahrer, die nicht mit einer Fähre anreisen, haben in Malmö erstmals schwedischen Boden unter den Füßen und kommen mit der Kultur, Architektur und dem urbanen Lebensstil des Landes in Kontakt. Und wirklich kann man sich die rund 350 000 Einwohner zählende Stadt nicht mehr ohne die Öresundbrücke vorstellen. Mit der Einweihung dieser Landverbindung nach Kopenhagen im Jahr 2000, die Schweden dem gesamten europäischen Kontinent gefühlt nähergebracht hat, ist die quirlige Metropole zu einer Stadt von internationalem Format avanciert. In Malmö leben über 180 Nationalitäten.

Da die historische Provinz Skåne (dt. Schonen) – wie auch die Nachbarregionen Blekinge und Halland – bis 1658 zu Dänemark gehörte, findet man in Malmös Altstadt noch Fachwerkhäuser und andere Bauten, die nicht »richtig schwedisch« anmuten. Als Startpunkt für den Rundgang eignet sich der 1590 angelegte »kleine Platz« (Lilla torg). Dort finden sich Restaurants, kleine Geschäfte, Hotels, aber auch Büros, Kindergärten und Wohnungen – ein Beweis dafür, dass sich geschichtsträchtige Bauten mit modernem Stadtleben durchaus kombinieren lassen. Der historische Marktplatz ist ein beliebter Treffpunkt für Einwohner und Besucher. Gesäumt wird er von einigen der ältesten Häuser der Stadt, allen voran einem roten Fachwerkhaus und dessen gelb verputztem Nebengebäude (Hedmanska gården). Im dahinter liegenden Innenhof befindet sich das Form/Design Center mit Ausstellungen, Café und gut sortiertem Shop.

Wenige Gehminuten später findet man sich vor der Burganlage Malmöhus wieder, die ebenfalls noch unter dänischer Herrschaft errichtet wurde: Die ältesten Teile stammen aus der Zeit um 1530. Hinter den dicken Mauern ist heute der städtische Museumskomplex Malmö Museer untergebracht. In mehreren Themenbereichen geht es um Geschichte, Naturkunde, Technik und Schifffahrt.

Die umliegenden Grünflächen werden von den Einheimischen gerne genutzt: Der Schlossgarten (Slottsträdgården) mit verschiedenen kleinen Themengärten, der 1870 angelegte Königspark (Kungsparken) und der weitläufige Schlosspark (Slottsparken) mit Teich, der an die städtische Bibliothek angrenzt, sind Malmös grüne Lunge.

Moderne Attraktionen

Nördlich schließt an das historische Viertel der neu gebaute Stadtteil Västra Hamnen an. Dessen Wahrzeichen ist der weiße, in sich verdrehte Wolkenkratzer Turning Torso, vom spanischen Architekten Santiago Calatrava errichtet. Wenn man am Wasser entlangspaziert, erreicht man wenig später den Stadtstrand (Ribersborgsstranden). Das dortige Kaltbadehaus, das am Ende eines Stegs auf Stelzen im Öresund steht, lädt zu jeder Jahreszeit zum Saunieren und Schwimmen ein (www.ribersborgskallbadhus.se).

Im Jahr 2018 ist Malmö um eine sensationelle Sehenswürdigkeit reicher geworden: Das »Museum des ekelhaften Essens« (Disgusting Food Museum) zeigt 80 »Spezialitäten« aus aller Welt, bei denen einem der Appetit vergeht, darunter Schafskäse mit Maden, gekochte Fledermaus, Saft mit Schafsauge, fermentierter Hai und Wein mit toten Mäusen (www.disgustingfoodmuseum.com). Wer sicht traut, darf manche davon auch kosten. Deutlich leichter verdaulich ist ein Abstecher ins Museum für moderne Kunst (Moderna Museet, www.modernamuseet.se/malmo). Bei freiem Eintritt zeigt es Werke aus der Zeit seit 1900.

↑ Mit seiner Fassade im holländischen Renaissancestil zählt das Rathaus zu Malmös schönsten Bauwerken.
← Das Zentrum der Stadt am Öresund lässt sich gut erlaufen. Der Hauptplatz Stortorget ist ein guter Ausgangspunkt für die Erkundungstour.

TIPP

KLEINE RIVIERA: SKANÖR-FALSTERBO

Liegt zwar nicht am Weg, aber an warmen Tagen lohnt sich der Umweg (ca. 70 Kilometer hin und zurück): Die Halbinsel Falsterbo reckt sich an Skånes südwestlichster Spitze ins Meer und markiert die Grenze zwischen Ostsee und Öresund. Die Strände zählen zu den feinsten in Südschweden, und die bunten Strandhütten sind ein beliebtes Fotomotiv. In der Ortschaft können Architekturinteressierte sechs Villen vom österreichisch-schwedischen Architekten Josef Frank (1885–1967) entdecken. Falsterbo hat außerdem eine bekannte Vogelwarte.

FOTEVIKENS MUSEUM

Am Weg nach Falsterbo liegt ein Freilichtmuseum mit einer nachgebauten Wikingersiedlung. Es hat nur während der Sommersaison geöffnet (Mai bis Mitte September). Am ersten Juliwochenende findet traditionell ein beliebter Wikingermarkt statt.
www.fotevikensmuseum.se

STADT MIT HERZ UND KOPF

Lund bietet die perfekte Mischung aus historischem Stadtkern, Gemütlichkeit und jugendlichem Studentenflair. Auf dieser Tour ist es die erste richtig besucherfreundliche Stadt, die man überblicken und genießen kann.

Hier wäre man gerne noch einmal Student: Die 80 000-Seelen-Stadt Lund ist in ihrer über tausendjährigen Geschichte vom geistlichen Zentrum zur akademischen Hochburg avanciert. Seit der Gründung um das Jahr 990 ist sie organisch gewachsen, und es ist ein Genuss, sich in den von bunten Häusern gesäumten Pflastergassen zu verlieren. Zwischen dem botanischen Garten und dem Universitätspark Lundagård gibt es besonders viele fotogene Sträßchen.

Den Mittelpunkt der Stadt bildet der imposante Dom mit zwei 55 Meter hohen Türmen. Die erste Kirche entstand hier schon um 1100, was den Dom zum ältesten in ganz Skandi-

2

↑ Der Dom zu Lund gilt als ältester in Skandinavien. Im Inneren warten allerlei Kunstschätze.
↙ Im Freilichtmuseum Kulturen erfährt man anhand von 30 Gebäuden, wie es sich in Südschweden früher gelebt und gearbeitet hat.

navien macht. Sein jetziges Aussehen im neuromanischen Stil erhielt er jedoch in den Jahren von 1860 bis 1880. Reste der Vorgängerversionen findet man in der Krypta, die seit der Einweihung 1123 quasi nicht verändert wurde und zu Schwedens ältesten erhaltenen Räumen zählt. Dort steht der Altar aus derselben Zeit, außerdem kann man sich auf die Suche nach der legendären Finn-Säule begeben. Der Sage nach handelt es sich bei der Figur um einen ehemaligen Riesen, der eine Wette verlor und versteinerte.
Nicht verpassen sollte man die rund 600 Jahre alte astronomische Uhr im Inneren: Das acht Meter hohe Meisterwerk überwältigt mit seinen zwei riesigen, detaillierten Zifferblättern, die neben der Uhrzeit und dem Tagesdatum auch die Mondphasen, den Lauf der Sonne und die Sternzeichen kennen. Zweimal am Tag spielt die Uhr das Kirchenlied »In dulci jubilo«, wobei sich auf halber Höhe Türchen öffnen und die Heiligen Drei Könige an Maria und dem Jesuskind vorbeiziehen. Gewissermaßen verkörpert die astronomische Uhr die Haupttugend von Lund: Man will die Dinge genau wissen. Studenten machen die Hälfte der Einwohner aus. Sie erforschen die Vergangenheit, gestalten die Gegenwart und entwickeln Ideen für die Zukunft.

Wohldosiertes Kulturprogramm

Lund verlangt seinen Gästen keinen ausgeklügelten Plan zum Abhaken der Sehenswürdigkeiten ab. Alles ist erlaufbar, und ins Freilichtmuseum Kulturen stolpert man beim Rundgang fast automatisch hinein. Der Besuch lohnt sich: Dort wurden über 30 Gebäude von kulturhistorischem Wert zusammengetragen, die zeigen, wie es sich früher in Südschweden gelebt hat – vom Mittelalter bis in die 1930er-Jahre, in der Stadt und auf dem Land sowie in verschiedenen Gesellschaftsschichten. Liebevoll angelegte Gärten und lehrreiche Ausstellungen, unter anderem zu Lunds Stadtgeschichte, runden das Angebot ab. Das meiste ist auch auf Englisch beschrieben. Die Eindrücke kann man im Museumscafé verarbeiten, das belegte Brötchen und Gebäck aus einer Handwerksbäckerei serviert.
Das Skizzenmuseum (Skissernas Museum) widmet sich vor allem dem künstlerischen Prozess, der Meisterwerken vorausgeht, und offenbart damit den handwerklichen Aspekt der Kunst. Im Zentrum der Ausstellung stehen diverse Vorstadien von Bildern und Skulpturen, deren »Endprodukte« heute im öffentlichen Raum zu sehen sind. Das dazugehörige Restaurant »På Skissernas« beeindruckt mit hochwertiger, regionaler Küche.

TIPP

RADTOUR NACH LOMMA
Zehn Kilometer westlich von Lund liegt der moderne Vorort Lomma direkt am Meer. Wer an einem sommerlichen Nachmittag noch nichts vorhat, kann gemütlich dorthin radeln, um über die Kajgatan zu schlendern und sich an der Marina ein Eis zu holen oder in einem der entspannten Lokale am Wasser zu essen. Nördlich vom Kanal für die Boote schließt ein Sandstrand an und lädt zum Baden bei Sonnenuntergang ein.

BADEN UND DINNER IN BJÄRRED
Etwas weiter (13 Kilometer) ist der Weg nach Bjärred, das ebenfalls am Wasser liegt. Hier empfiehlt sich die Fahrt mit dem Auto, um unterwegs bei der charmanten Apfelplantage Solnäs Gård anzuhalten und im Hofladen Saft aus eigener Produktion einzukaufen (tägl. bis 17 Uhr). Das Ziel dieses Ausflugs ist nicht der Ort Bjärred selbst, sondern das vorgelagerte Kaltbadehaus, das man über einen langen Steg erreicht. Dort kann man sowohl saunieren und baden als auch im Restaurant ausgezeichnet skandinavisch essen. Ein einmaliger, romantischer Ort.
www.bjerredssaltsjobad.se

3

Die Insel Ven bietet sich für einen Tagesausflug an.

LANDSKRONA & VEN

SPONTANER INSELAUSFLUG

Auf etwa halber Strecke zwischen Lund und Helsingborg liegt die Hafenstadt Landskrona mit einer beachtlichen Befestigungsanlage. Von dort lohnt sich der Abstecher auf die Insel Ven, die man an einem halben Tag per Fahrrad erkundet.

In der rund 33 000 Einwohner starken Hafenstadt Landskrona ist die Zitadelle die größte Sehenswürdigkeit. Die markante, rostrot verputzte Befestigungsanlage wurde im 16. Jahrhundert unter dem dänischen König Kristian III. gebaut, der seine Macht über die Meerenge Öresund sichern wollte. Nach dem Frieden in Roskilde entwickelte sich die Anlage in schwedischer Hand zur modernsten und flächenmäßig größten Festung ihrer Zeit in den nordischen Ländern. Später diente sie gut hundert Jahre lang als Gefängnis.

Zwischen dem Wallgraben und einem Kanal liegt Schwedens älteste Schrebergartensiedlung. Der Garten Rothoffs museikoloni mit entzückender Laube ist der landesweit einzige Museumskleingarten.

Von Landskrona kann man auch auf die vorgelagerte Insel Ven übersetzen. Die Reederei Ventrafiken fährt mehrmals täglich, und nach einer halben Stunde findet man sich auf dem idyllischen, kaum acht Quadratmeter großen Eiland wieder. Vor Ort mieten die meisten Besucher ein Fahrrad und gleiten dann inmitten von Feldern und Häusern über das Plateau. Sehenswert sind das ehemalige Observatorium des Astronomen Tycho Brahe (1546–1601), die mittelalterliche Kirche St. Ibb und die Whiskybrennerei Spirit of Hven.

TIPP

SPIRIT OF HVEN

Roggen, Mais und andere Getreide, die auf Ven gedeihen, werden in der Brennerei zu ausgezeichneten Whiskysorten veredelt. Deren Namen – etwa Tycho's Star und Stjerneborg – erinnern an den Sternenforscher. Und wer lieber in Ruhe absacken möchte, kann in den dazugehörigen Ferienhäusern übernachten. www.backafallsbyn.se

4

In Helsingborg wird am Wasser modern gebaut.

HELSINGBORG

INNOVATION VOR HISTORISCHER KULISSE

Mit etwa 113 000 Einwohnern schafft es Helsingborg unter die zehn größten Städte Schwedens. Das Anhalten lohnt sich, um den historischen Stadtkern, die moderne Seestadt und einige Sehenswürdigkeiten zu erkunden.

Beim Spaziergang durch die Innenstadt fällt ein 35 Meter hoher Turm ins Auge: Der Kärnan (deutsch Kern) ist das letzte Überbleibsel einer Burg aus dem 14. Jahrhundert, errichtet unter dänischer Herrschaft. Wer die Stufen im Freien und die Wendeltreppe im Inneren erklimmt, hat von oben einen ungehinderten Blick auf Stadt und Meer.

Nur 3,7 Kilometer Luftlinie entfernt liegt auf der dänischen Seite Helsingör, quasi die Zwillingsstadt von Helsingborg mit der Festung Kronborg. Gemeinsam bewachten sie einst die Meerenge Öresund an ihrer schmalsten Stelle und die Einfahrt zum Meeresgebiet Kattegat. Diese strategische Lage erklärt, dass Helsingborg auf eine tausendjährige Geschichte zurückblickt. Entscheidende Momente sind in Museen und historischen Gebäuden verewigt.

In Helsingborg ist aber nicht alles alt: Vor der stimmungsvollen Kulisse wird eifrig am urbanen Leben der Zukunft getüftelt. Schon mehrfach haben dort Weltausstellungen mit Fokus auf Architektur und Stadtentwicklung stattgefunden, außerdem hat sich Helsingborg im Jahr 2020 als europäische Innovationshauptstadt profiliert. Greifbar werden Trends im hochmodernen Stadtteil Oceanhamnen: Dort hat sich ein Industriehafen in ein nachhaltig gebautes Viertel verwandelt.

TIPP

SCHLOSS SOFIERO MIT PARK

Das Schloss, 1864 als Sommerresidenz für den späteren König Oscar II. erbaut, lockt im Mai und Juni die meisten Besucher an: Dann blühen im weitläufigen Garten über 10 000 Rhododendronbüsche. Im Sommer finden Konzerte im Grünen statt. Auch das Innere des Gebäudes kann besichtigt werden.
www.sofiero.se

5

FASZINATION FELS

Wie ein Arm ragt der nordwestliche Zipfel von Skåne ins Meer. Auf der länglichen Halbinsel Kullen haben hübsche Orte, zwei Naturschutzgebiete und sogar Weingüter Platz. Mit dem Auto kommt man bis zum sehenswerten Leuchtturm.

Ganz draußen erhebt sich der Kullaberg, ein acht Kilometer langer Bergkamm mit abwechslungsreicher Natur und beliebten Wanderwegen. Über den »italienischen Weg« (Italienska vägen) können Autofahrer (fast) bis zum Leuchtturm Kullens fyr vordringen. Rund um das mächtige Gebäude mit Schwedens höchster Feuerhöhe offenbart sich der felsige Untergrund. Mit festen Schuhen erreicht man kraxelnd die nahen, kleinen Höhlen Silvergrottan und Lahibiagrottan. Das Besucherzentrum Naturum – einer von rund 30 »Naturräumen« im Land – stellt bei freiem Eintritt die Flora und Fauna der umliegenden Naturschutzgebiete vor.

An der Westseite der Halbinsel schmiegt sich der Badeort Mölle an den Hang. Das strahlend weiße Grand Hotel erinnert an eine Zeit, als ganze Züge voller Badegäste hier eintrudelten – sogar aus Deutschland. Entspannung findet man in Mölle nach wie vor. Und den kleinen Hunger stillt man am besten bei Mölle Krukmakeri, einer hippen Mischung aus Töpferei, Pizzeria und Café mit netten Plätzen im Garten.

Wer Lust auf eine Art Schatzsuche hat, folgt an der Nordseite den verwitterten Hinweisschildern zur Skulptur »Nimis«. Dabei handelt es sich um eine umstrittene Burg aus Treibholz, an der der schwedische Künstler Lars Vilks (1946–2021) zwei Jahrzehnte lang gebaut hat. In der Nähe liegt das charmante Fischerdorf Arild am Meer.

← Dank dichter Wälder, beeindruckender Ausblicke und der guten Anbindung ist der Kullaberg ein beliebtes Ausflugsziel für Wanderer und spontane Besucher.

↗ Die »Fischersfrau« schmückt den Hafen von Mölle erst seit 2020; das weiße Grand Hotel im Hintergrund steht schon seit 1909.

TIPP

ARILDS VINGÅRD

Wie schmeckt wohl schwedischer Wein? Das Weingut in Arild bietet Verkostungen, Führungen, Gastronomie und Gästezimmer an. Wie in den meisten Kellereien im Norden setzt man auch hier vor allem auf die kälteresistente Rebsorte Solaris. Vor Ort wird Genuss großgeschrieben, und das sollte man ausnutzen. Ab-Hof-Verkauf ist hingegen in Schweden nicht erlaubt. www.arildsvingard.se

6

Die Region Halland lebt von ihren Sandstränden.

HALMSTAD

ENDLICH STRÄNDE!

Auf Skånes felsige Küste folgen in Halland lange Sandstrände zum Baden und Surfen. Halmstad – die südlichste der drei großen Küstenstädte – ist mit gut 70 000 Einwohnern nicht nur die Residenzstadt, sondern auch die größte Gemeinde der Provinz.

Das Stadtbild von Halmstad lebt vor allem vom Fluss Nissan, der das Zentrum in zwei Teile teilt. Zu beiden Seiten lässt es sich lässig spazieren. Dabei sieht man einige bedeutende Gebäude, etwa die moderne Stadtbibliothek und das Kunstmuseum. Letzteres zeigt vor allem Werke von Künstlern aus der Region, aber auch Design und Volkskunst. Bis zur industriellen Revolution haben in Halland viele Menschen vom Stricken gelebt, und historische Textilien erinnern an diesen Wirtschaftszweig.

Das rot verputzte Schloss stammt aus dem frühen 17. Jahrhundert. Der damals über Halland herrschende Dänenkönig Kristian IV. war der Meinung, er brauche eine stattliche Unterkunft bei seinen Besuchen in Halmstad, und so entstand das Schloss mit vier großen Gebäudeflügeln und öffentlich begehbarem Innenhof. Heute ist dort die Provinzialregierung untergebracht, und die Innenräume werden nun an bestimmten Terminen für Führungen geöffnet.

Dass Halland die Provinz mit Schwedens schönsten Sandstränden ist, macht sich schon ab Halmstad bemerkbar. Etwas westlich liegt Tylösand mit einem sieben Kilometer langen, von Dünen gesäumten Strand – Schwedens beste Adresse für Wasserratten mit ein bisschen Ibiza-Feeling.

TIPP

PRINZ BERTILS PFAD

In Halmstad startet ein leicht zu gehender, 18 Kilometer langer Wanderweg auf den Spuren eines Royals: Prins Bertils Stig, benannt nach dem schwedischen Prinzen Bertil (1912–1997). Er war Herzog von Halland und hatte sein Sommerhaus in Tylösand. Endstation ist im Naturschutzgebiet Möllegård.
www.destinationhalmstad.se

7

Hotel Strandbad in Falkenberg mit dem 250 Meter langen Steg

FALKENBERG

LUST AUF LACHS UND LECKERES ESSEN

Mit knapp 30 000 Einwohnern ist Falkenberg keine Metropole, aber es hat seine Reize: das landesweit beste Gewässer zum Lachsangeln, das größte Kaufhaus, ein hochwertiges Angebot an Gastronomie und nicht zuletzt 13 Kilometer Sandstrände.

Besonders Angler finden ihren Weg in die Gegend: Die Lage an der Mündung des Flusses Ätran in das Kattegat macht Falkenberg zu einem Sehnsuchtsort für Lachsfischer. Im Sommer kann man von der ansehnlichen Steinbrücke Tullbron sowie zwei Kilometer flussaufwärts angeln. Der dafür notwendige Angelschein (»fiskekort«) ist unter anderem in der Touristeninformation erhältlich (im Kulturzentrum Argus, Holgersgatan 7).

Wer nicht auf den großen Fang wartet, kann einen reizvollen Spazierweg erkunden. Am Flussufer entlang verläuft der zwei Kilometer lange »Doktorweg« (Doktorspromenaden), benannt nach dem Stadtarzt, der um 1861 auf eigene Kosten einen Weg im Grünen anlegen ließ, um den Städtern gesundheitsfördernde Spaziergänge zu ermöglichen.

Das überschaubare Stadtzentrum bilden die Parallelstraßen Storgatan und Nygatan, die von Geschäften und Gaststätten gesäumt sind. Apropos Essen: Im Jahr 2018 hat der nordische Gourmetführer White Guide Falkenberg – als erste Stadt überhaupt – zu einer Genussdestination gekürt, die »eine Reise wert« ist. Das Hauptargument für die Auszeichnung waren die jungen Unternehmer, die dort – ohne den Druck der großen Metropolen – Neues wagen. Zu den lohnenden Adressen in und um Falkenberg gehören Lilla Napoli (s. Seite 37), Lis Mejeri, Borgmästargården, Köket, Ocean, Rådhustorget No. 1A, Skrea Matbruk und Prostens Pizza.

TIPP

RIAN DESIGNMUSEUM

Das kleine, aber feine Museum widmet sich den Bereichen Design, Kunst und Kunstgeschichte. Es zeigt wechselnde Themenausstellungen.
www.rian.se

MEERESBRISE UND MOORLEICHE

Unter den drei halländischen Küstenstädten ist Varberg die am meisten besuchte. Das liegt an ihren beiden großen Attraktionen: der Festung mit Museum und dem auffälligen Kaltbadehaus im orientalischen Stil.

Die bekannteste Person in Varberg lebt schon lange nicht mehr, aber jeder, der sich traut, kann ihr ins Gesicht sehen: Die Rede ist vom Bocksten-Mann, einer gut erhaltenen Moorleiche aus dem 14. Jahrhundert. 1936 wurden seine Überreste im namensgebenden Bocksten-Moor östlich von Varberg gefunden. Nicht nur Skelett und Haare sind gut erhalten, sondern auch die Kleidung – die einzige komplette Garnitur eines Mannes aus dem Mittelalter. Diesem spektakulären Fund widmet das kulturgeschichtliche Museum von Halland (Hallands Kulturhistorika Museum) eine eigene Ausstellung. Das Museum ist seit 1917 in der sehenswerten Varberger Festung untergebracht. Es ist faszinierend, wie moderne Technik in die alten Gemäuer aus dem frühen 17. Jahrhundert integriert wird. Weitere Bereiche beleuchten die Geschichte der Provinz (»Von Inlandeis bis Badeparadies«), die Künstlerkolonie Varbergsskolan sowie wechselnde Themen.

Nicht weniger spektakulär ist das Kaltbadehaus, das auf Stelzen im Wasser steht. Es wurde bereits 1903 erbaut und besticht durch eine ungewöhnliche Architektur im maurischen Stil. Die Kuppeln und Ornamente können zwar nicht darüber hinwegtäuschen, dass sich das Wasser im Kattegat unter idealen Bedingungen nur im Juli auf 20 °C erwärmt, aber das belebende Wechselbad aus Sauna und Sprung ins Meer hat trotzdem viele Anhänger. Wer sich auf eine höhere Wassertemperatur verlassen möchte, besucht das genauso sehenswerte, 1925 eingeweihte Warmbadehaus.

TIPP

BADE- UND SURFSTRAND APELVIKEN

Südlich von Varberg schmiegt sich der Sandstrand Apelviken in die gleichnamige Bucht. Dort lässt es sich nicht nur herrlich baden, sondern die Winde der Westküste locken auch viele Surfer an. Von der Festung Varberg verläuft ein vier Kilometer langer Spazierweg zum Küstenhotel, von dort sind es weitere 1200 Meter durch den Ort zum Strand.
www.visitvarberg.se

↖ Das elegante Kaltbadehaus beherbergt getrennte Saunen für Damen und Herren.
→ Die Festung dominiert das Stadtbild von Varberg. Darin befindet sich das sehenswerte kulturgeschichtliche Museum über die ganze Region.

8

DER RAUE CHARME DER WESTKÜSTE

Vorbei sind die südschwedischen Strände – jetzt reisen wir durch eine zerfurchte, zauberhafte Schärenlandschaft. Der Großteil der Tour beschäftigt sich mit der historischen Provinz Bohuslän, die quasi nur aus Küste besteht und erstklassige Meeresfrüchte zu ihren (Gaumen-)Reizen zählt. Nachdem wir die schönsten maritimen Orte und einen Meeresnationalpark erkundet haben, überqueren wir die Grenze zu Norwegen.

Zwischen Göteborg und der norwegischen Grenze erstreckt sich die historische Provinz Bohuslän. Sie zeichnet sich durch eine unverwechselbare Küstenlandschaft mit großen Inseln, kargen Klippen und malerischen Orten aus. Bei der Planung sollte man sich nicht täuschen lassen: Die Region ist zwar nur knapp 200 Kilometer lang und ließe sich theoretisch in zweieinhalb Stunden durchfahren, doch um die wirklich schönen Orte mitzunehmen, braucht man deutlich mehr Zeit. Die Autobahn E6 folgt nämlich der Küste in einigem Abstand, und westlich davon liegen die länglichen, von fjordähnlichen Wasserstraßen getrennten Inseln im Meer. Deren Hauptorte befinden sich wiederum meistens ganz im Westen: weit draußen auf den Inseln, wo es sich früher am besten fischen ließ und wo heute der Sonnenuntergang die Besucher verzaubert. In vielen Fällen dauert der Abstecher von der Autobahn eine halbe Stunde, und meistens geht es auch nur auf diesem Weg wieder zurück.

Nachdem wir **1 Göteborg** ausgiebig erkundet haben, lassen wir das Stadtleben einstweilen hinter uns und stattdessen das maritime Flair des Schärengartens auf uns wirken. Auf der nahen Festung Bohus in

INFO

Start: Göteborg
Ziel: Oslo
Länge: ca. 450 Kilometer
Dauer: 4 Tage
Beste Reisezeit: Mai – September

Im Göteborger Restaurant »Natur« ist der Name Programm: Zu den saisonalen Gerichten fließt Biowein.

OSLO
Oslo Street Food
Saga Hotel Oslo
Lillestrøm
Drammen
Drøbak
Drøbak Akvarium
Ski
Ås
Askim
Moss
Horten
Holmestrand
Tønsberg
Slottsfjellet
Skien
Porsgrunn
Sandefjord
Larvik
Stavern
Sarpsborg
Gamlebyen (Altstadt)
Paa Brygga
Fredrikstad
Halden
Svinesund tollsted
Fredriksten festning
Ytre-Hvaler NationalPark
Skjærhalden (Hvaler)
Visitor Center Ytre Hvaler National Park
Alaska Trädgård
Scandic Laholmen
Strömstad
Kosters Trädgårdar
Kosterhavet National Park
Tresticklans National Park
Felsritzungen von Tanum
Tanumshede
Restaurant Telegrafen
Fjällbacka
Kville
Bovallstrand
Hunnebostrand Skulpturpark
Hunnebostrand
Grosshamn
Smögen Musselbaren
Smögen
Kungshamn
Lysekil
Munkedal
Uddevalla
Vänersborg
Trollhättan
Bengtsfors
Åmål
Säffle
Arvika
Lidköping
Läckö slott
Stola
Orust
Ljungskile
Lilla Edet
Stenungsund
Tjörn
Skärhamn
Hav & Logi Skärhamn
Salt and Sill
Rönnäng
Fiskahummer.nu
Marstrand
Marstrands Färjeläge
Hotell Fars Hatt
Kungälv
Bohus Fortress
Surte
Alingsås
Göteborg
Mölndal
Landvetter
Borås
Skagen
Skagerrak
E6
E18
E20
E45
E134
0
20 km
N

Ein typischer Anblick auf den westschwedischen Inseln: rote Häuschen und unzählige Boote, wie hier auf Tjörn.

2 **Kungälv** wird skandinavische Geschichte greifbar, ebenso im pittoresken Ort **3** **Marstrand** mit der Festung Carlsten. Hier sind wir nämlich in ehemaligen Grenzgebieten unterwegs; Bohuslän gehörte früher zu Norwegen.
Weitere sehenswerte Ecken zwischen den unzähligen Buchten sind die kulturbetonte Insel **4** **Tjörn** und der Urlaubsort **5** **Smögen**, wo man gut angeln kann. Im nördlichen Teil der historischen Provinz erwarten uns die urzeitlichen Felsritzungen von **6** **Tanum**, die eine UNESCO-Welterbestätte bilden, und der Meeresnationalpark Kosterhavet, den man von **7** **Strömstad** aus mit der Fähre erreicht. Im Gegensatz zu anderen Schärenorten liegt Strömstad nur fünf Minuten von der Autobahn entfernt.

Willkommen im Land der Fjorde

Eine Viertelstunde nachdem wir Strömstad verlassen haben, erreichen wir das Nachbarland: Auf der schwedischen Seite fahren wir auf die imposante Svinesundbrücke, und auf der norwegischen Seite rollen wir wieder aufs Festland. An der Abfahrt 4 (Solbergkrysset) verlassen wir die Autobahn und steuern über die Landstraße 130 **8** **Fredrikstad** mit der pittoresken Altstadt an. Von dort geht es über die Straße 110 wieder auf die Autobahn E6 und weiter nach **9** **Drøbak**. Während Fredrikstad mit einer Festung begonnen hat, ist Drøbak um einen Hafen herum gewachsen. Eine Dreiviertelstunde später rauschen wir in der norwegischen Hauptstadt Oslo ein.

GASTSTÄTTEN & UNTERKÜNFTE

EINKEHREN

NATUR (GÖTEBORG)

Ein Gourmetrestaurant, getarnt als unscheinbares Lokal in der Nachbarschaft: Hier stoßen Einheimische mit Naturwein an und gönnen sich moderne schwedische Gerichte mit einer Extraportion Gemüse. Es gibt auch Verkostungsmenüs mit drei bzw. fünf Gängen.
www.restaurangnatur.se

SALT & SILL (TJÖRN)

Auf der vorgelagerten Miniinsel Klädesholmen wird seit Jahrhunderten Hering eingelegt. So erklärt sich die Spezialität des Hauses: »Sillplanka«, also das »Heringbrett« mit sechs verschiedenen Geschmacksrichtungen. Zum Restaurant gehören Gästezimmer, die auf dem Wasser schwimmen.
www.saltosill.se

MUSSELBAREN (SMÖGEN)

In der Muschelbar stehen ganz klar Miesmuscheln aus den Gewässern der Region Bohuslän im Mittelpunkt – entweder klassisch als »Moules marinières« oder mal anders als Muschelburger mit Süßkartoffelpommes. Aber auch Fleischgerichte und Pizzen stehen auf der Karte.
www.musselbaren.se

TELEGRAFEN (GREBBESTAD)

In einer ehemaligen Telegrafiestation ist seit gut 20 Jahren das gemütliche Restaurant untergebracht. Der Inhaber hat es selbst mit zusammengewürfelten Kunstwerken und Möbeln gestaltet. Vor der unprätentiösen Kulisse wird modern interpretierte Schwedenküche mit Fisch und Fleisch serviert.
www.telegrafen.info

PAA BRYGGA (FREDRIKSTAD)

Mit seiner breiten Auswahl nennt sich die Gaststätte »am Pier« (im neueren Teil der Stadt) nicht umsonst »Restaurant für alle Einwohner«. Da gibt es Burger und andere Fleischgerichte, Fischspezialitäten sowie Pizzen nach italienischer und amerikanischer Art. Die Aussicht auf den Fluss Glomma ist herrlich.
www.paabrygga.no

ÜBERNACHTEN

SCANDIC GÖTEBORG CENTRAL (GÖTEBORG)

Ein weiterer Zuwachs der schwedischen Hotelkette mit maritimem Flair. Der weltoffene Charakter des nahen Hafens zeigt sich in der Inneneinrichtung: Aluminiumboxen erinnern an Schiffscontainer, und das Restaurant wird in sechs Bereiche unterteilt, die von sechs Kontinenten inspiriert sind.
www.scandichotels.de

FARS HATT (KUNGÄLV)

Dieses familienfreundliche Hotel liegt zwischen Göteborg und Marstrand. Im Sommer kann man im großen Außenpool relaxen und auf der Wiese oder dem eigenen Balkon picknicken. Die Einrichtung wirkt etwas altmodisch, worüber man bei den günstigen Preisen und der ausgeprägten Ferienatmosphäre gerne hinwegsieht.
www.dialoghotels.se/en/fars-hatt-by-dialog-hotels

HAV & LOGI SKÄRHAMN (TJÖRN)

Ferienanlage am Meer mit Häuschen, Hostelzimmern und Campingplatz. Auf den Klippen thronen 15 moderne Ferienhäuser mit Platz für bis zu sieben Personen, eigener Terrasse und kostenlosem Parkplatz. Von Mai bis September werden Fahrräder vermietet.
www.havologi.se

SCANDIC LAHOLMEN (STRÖMSTAD)

Das Hotel mit 171 modernen Zimmern nimmt fast die ganze Landzunge Laholmen ein. In der obersten Etage erwartet die Gäste ein Fitnessraum mit Sauna und Sonnenterrasse. Gleich davor legen die Fähren auf die Kosterinseln ab.
www.laholmen.se

Im Restaurant »Salt & Sill« dreht sich alles um eingelegten Hering.

»SECOND CITY« MIT CHARAKTER

Mit über 600 000 Einwohnern ist Göteborg die zweitgrößte Stadt Schwedens. Die heutige Stadt wurde 1619 durch König Gustav II. Adolf gegründet, der sich an der Mündung des Flusses Göta älv in das Kattegat eine See- und Handelsstadt vorstellte. Seinem Weitblick verdanken wir eine quirlige Metropole mit vielen sehenswerten Ecken, kreativen Geschäften und einer erfrischenden Meerbrise.

1

Wenn man bedenkt, dass zu dieser Zeit (bis 1658) unmittelbar nördlich das damalige Norwegen anfing und die historische Provinz Halland in dänischer Hand war, versteht man, warum Göteborg so stark befestigt wurde: Es war Schwedens einziger Zugang zur Nordsee. Noch heute heißt der historische Stadtkern »innerhalb des Wehrgrabens« (Inom Vallgraven). Er ist von einem geraden Kanal und einem zickzackförmigen Wehrgraben umgeben. Diese Wasserwege bieten eine ideale Voraussetzung für Sightseeing-Bootsfahrten. Die klassische, knapp einstündige Rundfahrt namens »Paddan-Tour« startet am Kungsportsplatsen, führt durch die alten Kanäle und passiert auch den Hafen.

← Inselhüpfen schnell und günstig: In Göteborg sind die Schären ganz nah, und die Fähren gehören zum Netz der öffentlichen Verkehrsmittel.
↗ Auf dem »Götaplatz« plätschert der bekannte Poseidon-Brunnen inmitten mehrerer Kulturinstitutionen.

Die neueren Stadtteile

Seitdem Göteborg vor über 400 Jahren die Stadtrechte erhalten hat, ist es natürlich weit über seinen ursprünglichen Kern hinausgewachsen. Südlich vom Graben liegen zunächst die zwei großen Stadtparks, Kungsparken und Trädgårdsföreningen. Sie werden von der schnurgeraden Flaniermeile Kungsportsavenyn getrennt, die – von allerlei Geschäften und Lokalen gesäumt – auf den Götaplatz zuläuft.
Dort sollte man einmal gewesen sein. Nicht nur wegen des berühmten Poseidon-Brunnens von Bildhauer Carl Milles (1875–1955), sondern auch wegen der umliegenden Kultureinrichtungen. Der weitläufige Platz wird vom Konzerthaus, dem Kunstmuseum, einer Kunsthalle, dem Stadttheater und der Hauptbibliothek umgrenzt.

Westlich von dieser belebten Meile schließt das ungleich ruhigere Viertel Haga an. Als sich dort Seeleute, Fischer und Handwerker im 17. Jahrhundert Holzhäuser bauten, entstand Göteborgs erster Vorort. Zwei Jahrhunderte später war es ein Bohème- und Arbeiterviertel mit einer hohen Einwohnerdichte. Wie durch ein Wunder sind die schmalen Pflastergassen und die Bauten aus der Zeit der Jahrhundertwende dem Modernisierungswahn der Sechziger entkommen. Nicht nur Touristen, sondern auch Einheimische sehen längst wieder das Schöne im Alten: Heute gehört das gemütliche Haga zu den begehrtesten Wohnvierteln. Cafés und Geschäfte abseits des Mainstreams tragen ebenfalls zum angenehmen Ambiente bei. Eine lohnende Adresse ist das Café Husaren, das nicht nur die größten Zimtschnecken der Stadt verspricht, sondern auch mit einer originalgetreuen Innenarchitektur aus dem 19. Jahrhundert lockt.
Der bekannteste Besuchermagnet der Stadt ist Liseberg, der größte Vergnügungspark in Nordeuropa. Jährlich finden rund drei Millionen Menschen ihren Weg dorthin, um sich auf Achterbahnen, Wildwasserbahnen und im freien Fall den puren Nervenkitzel zu holen. Im Sommer geben dort schwedische und internationale Popgrößen Konzerte.

Spannende Museen

Göteborg punktet außerdem mit einigen interessanten Museen. Autofans wissen, dass die schwedische Marke Volvo in der Hafenstadt zu Hause ist. Das Volvomuseum erzählt die Geschichte des Unternehmens anhand von vielen alten Automodellen, aber auch anderen Produkten, die vielleicht weniger bekannt und kultig sind.
Wer mehr über Göteborg erfahren möchte, ist im Stadtmuseum richtig. In der festen Ausstellung geht es darum, »was es mit Göteborg auf sich hat«: technische Höchstleistungen, Garnelentoast, ein schwedenweit bekannter Sinn für Humor und vieles mehr. Die liebevoll gestalteten Themenbereiche

basieren auf einer Sammlung von drei Millionen Artefakten und Bildern, die eine Zeitspanne von beeindruckenden 12 000 Jahren abdecken.
In einer Seitenstraße der Kungsportsavenyn liegt das Röhsska-Museum für Design, Mode und angewandte Kunst. Mit diesem Schwerpunkt ist es das einzige in Schweden. Der chronologische Streifzug durch die Welt der schönen Dinge beginnt im 17. Jahrhundert mit einer barocken Wunderkammer; daran schließt das 18. Jahrhundert mit Porzellanfiguren, Seidentextilien und Einrichtung im Empirestil an. Auch moderne Objekte haben ihren Platz in der Ausstellung, sodass man einen guten Einblick in die Entwicklung und Formensprache des berühmten skandinavischen Designs erhält. Ganz klar, dass dabei Lust auf Bummeln und Einkaufen aufkommt. Diesem Impuls geht man am besten auf der Magasinsgatan und ihren Querstraßen nach, wo sich stylishe Boutiquen aneinanderreihen. Dort ist man wieder im Stadtkern Inom Vallgraven und kann den Rundgang durch Göteborg entspannt ausklingen lassen.

↖ Die schwedische Westküste verzaubert mit ihrer gut erschlossenen Inselwelt, die schon bei Göteborg beginnt. Bootstouren einplanen!
↗ Am Göteborger Fährhafen namens Saltholmens Brygga legen im Sommer mehrmals täglich Boote auf diverse Inseln ab.
→ Blick vom Göteborger Kunstmuseum auf die Flaniermeile Kungsportsavenyn

TIPP

INSELHÜPFEN LEICHT GEMACHT

In Göteborg lässt sich der Städtetrip besonders leicht mit einem Abstecher in den Schärengarten verbinden. Im Vergleich zu Stockholm liegen die Inseln näher am Festland und sind in weniger als einer halben Stunde zu erreichen. Die Fähren fahren häufig, und da sie zum öffentlichen Verkehrsnetz gehören, sind auch die Tickets günstig. Man löst sie am einfachsten über die App »Västtrafik to go«, die auch auf Englisch verfügbar ist. Der Fährenableger heißt Saltholmens Brygga. Da die Parkplätze direkt beim Terminal Bootsbesitzern vorbehalten sind, sollte man das Auto schon beim Parkplatz bei der Adresse Saltholmsgatan 27 abstellen und eine Viertelstunde Fußweg einplanen.

DER SÜDLICHE SCHÄRENGARTEN

Die Hauptinsel Styrsö trägt vier kleine Siedlungen, mehrere Gaststätten und Pensionen sowie den Aussichtspunkt Stora Rös. Von dort erreicht man die Nachbarinsel Donsö auch zu Fuß über die Brücke. Letztere ist vor allem für ihr Restaurant Isbolaget bekannt, wo man direkt am Wasser in einem ehemaligen Eislager (zum Kühlen der gefangenen Fische) gemütlich einkehrt. Auch auf der Insel Vrångö erinnert vieles an zig Generationen von Berufsfischern; bei Fiskeboa gibt es fangfrische Krabben. www.vastsverige.com, siehe »Inselhüpfen in Bohuslän«

WEITERE AUSFLUGSZIELE

Unter dem Slogan »Next to Gothenburg« stellt die Region ausgewählte Orte in der Nähe der Hafenstadt vor, die sich für einen Tagesausflug anbieten. www.vastsverige.com/en/nexttogothenburg

2

Die Festung mit dem Turm »Fars hatt« (Vaters Hut)

FESTUNG BOHUS IN KUNGÄLV

INTERAKTIVES BAUDENKMAL

An kaum einem Ort wird skandinavische Geschichte so greifbar wie auf der Festung Bohus: Über Jahrhunderte haben sich die Schweden mit den Norwegern und Dänen in dieser ehemaligen Grenzregion bekriegt. Heute zählt die Anlage zu den »sieben Wundern« von Westschweden.

Die Festung Bohus liegt erhöht über der Flussgabelung der Ströme Göta älv und Nordre älv. Der Göta älv bildete bis 1658 die Grenze zwischen Norwegen und Schweden, das über 400 Jahre nur über einen schmalen Landstreifen Zugang zum Meer hatte. Südlich von Göteborg schloss das dänisch kontrollierte Halland an. In dieser Grenzregion spielte die Festung Bohus als Posten im Süden des damaligen Norwegens eine strategisch wichtige Rolle. Ihr Bau begann 1308 unter König Håkan V. Magnusson. Nachdem das ursprüngliche Holzhaus mit Steinen befestigt wurde, zählte die Anlage zu den sichersten in Skandinavien. Im 16. Jahrhundert wurde sie mehrmals belagert, aber nie eingenommen. Bei der Renovierung unter dem Dänenkönig Christian IV. (1577–1648) avancierte Bohus zu einem Renaissanceschloss von Format. Mit dem Frieden von Roskilde 1658 kam die historische Provinz Bohuslän zu Schweden, doch nur 20 Jahre später wurde die Anlage von einer Bombardierung durch die Dänen und Norweger ruiniert. Der Neubau diente bald als Gefängnis, wurde jedoch im 18. und 19. Jahrhundert erneut zerstört. Dank umfassender Restaurierung ist die Festung heute wieder sehenswert.

TIPP

DIE FESTUNG ERKUNDEN

Von April bis September ist die Festung Bohus öffentlich zugänglich. Stundenlang kann man durch Gemäuer wandeln, es warten viele Spiele, und auch Erwachsene lieben das Floß, mit dem man den Burgteich überquert. Alle Aktivitäten sind im Eintrittspreis enthalten. www.bohusfastning.com/de

3

Spaziergang durch das beschauliche Marstrand

MARSTRAND

SCHÄRENIDYLLE UND FESTUNG

Das Schärenstädtchen Marstrand ist nicht nur ein pittoreskes Ausflugsziel, sondern auch ein Hotspot für Segler. Die Festung Carlsten aus dem 17. Jahrhundert ist die bedeutendste Sehenswürdigkeit.

Mit seiner exponierten Lage am äußersten Rand der Bohusläner Schären ist Marstrand ganz dem Meer zugewandt. Vieles dreht sich dort ums Bootfahren und Segeln. Der Jachthafen ist Schwedens größter, im Sommer liegen die Boote dicht an dicht. Aber auch mit festem Boden unter den Füßen kann man Marstrand erleben. Schon bei der kurzen Überfahrt mit der Fähre offenbaren sich die sehenswertesten Ecken: Hinter dem Hafen beginnt die malerische Siedlung, über ihr thront die historische Festung Carlsten.
Im frühen 13. Jahrhundert wurde Marstrand als norwegischer Fischerei- und Handelshafen gegründet. Kurz nachdem es 1658 schwedisch geworden war, sicherte man den Ort mit der Festung Carlsten ab. Diese kann man heute von Mitte April bis Ende September besichtigen. Hinter den dicken Wänden gibt es sogar Gästezimmer: Wer im »Soldatenhotel« übernachtet, bekommt einen eigenen Schlüssel zur beeindruckenden Pforte der Festung. Die Anlage ist von der Ortschaft zu Fuß zu erreichen. Beim Rundgang erinnern verschnörkelte Holzhäuser an eine Zeit im späten 19. Jahrhundert, als Marstrand ein beliebter Badeort war. So verbrachte etwa König Oscar II. (1829–1907) seine Sommer dort. Aber auch ABBA: Das Musikvideo zu »The Winner Takes It All« wurde 1980 in Marstrand gedreht, vor allem im und um das grün-weiße Societetshuset.

TIPP

HOTEL IN DER FESTUNG

Unter dem Motto »Übernachten Sie in der Festung Carlsten« kann man hier in den Gebäuden aus dem 18. Jahrhundert in charmanten Zimmer nächtigen. www.carlstenssoldathotell.se

4

DIE KUNSTINSEL

Während Küstenorte wie Marstrand, Smögen und Strömstad mit maritimer Kleinstadtidylle locken und weite Teile der Bohusläner Schären Erholung und Wandervergnügen versprechen, bietet Tjörn etwas anderes: Kunst von Weltklasse in pittoresker Umgebung.

Mit einer Fläche von knapp 15 000 Hektar rangiert Tjörn unter den zehn größten Inseln Schwedens. Glücklicherweise liegt sie nah am Ufer und ist mit dem Auto einfach zu erreichen. Die Anfahrt beglückt jeden Beifahrer: Von Stenungsund geht es über drei Brücken und zwei zwischengelagerte Inseln, und jede Kurve bietet eine weitere fotogene Aussicht auf die zerfurchte Landschaft aus Granit.

Am westlichen Ufer liegt der Ort Skärhamn mit dem poetischen Aquarellmuseum (Nordiska Akvarellmuseet). Schon bevor dieses im Jahr 2000 eröffnet wurde, sorgte es in der Region für Aufmerksamkeit: 40 Gemeinden bewarben sich bei der Nordischen Aquarellgesellschaft als Standort für den geplanten Ausstellungsraum, und nachdem die Wahl auf Tjörn gefallen war, reichten ganze 386 Architekten Vorschläge für das Gebäude ein – der bis dahin größte Architekturwettbewerb in Nordeuropa. Der Komplex besteht aus einem langen Museum am Wasser und fünf Ateliers in Sichtweite. Gezeigt werden großformatige Wechselausstellungen mit Bildern von skandinavischen und internationalen Malern.

Etwa zwölf Kilometer weiter nördlich liegt Tjörns zweites Kunsthighlight: Der Skulpturenpark von Pilane. Jeden Frühling wird dort eine neue Auswahl an dreidimensionalen Kunstwerken aufgestellt – und zwar in einer hügeligen Landschaft, der ein prähistorisches Gräberfeld zugrunde liegt. Die Kombination aus rauer Natur und auffälligen Skulpturen ist einmalig.

← Im Ort Skärhamn gibt es einiges zu sehen – neben dem nordischen Aquarellmuseum auch den schicken Dreimaster »Lady Ellen«.

↗ Außerdem liegen dort mehrere Restaurants beieinander, unter anderem das »Pater Noster«.

TIPP

KULINARIK AUF KLÄDESHOLMEN

Die Eindrücke des Tages lässt man am besten bei einem regionaltypischen Abendessen mit Fisch und/ oder Meeresfrüchten einsinken. Sowohl in Skärhamn als auch auf der Landzunge Klädesholmen gibt es gute kulinarische Adressen (s. Seite 53). Letztere ist als »Heringinsel« in die Geschichte eingegangen, weil dort so viele Fische gefangen und eingelegt wurden. Noch heute kommt jede zweite Matjesdose in Schweden aus der örtlichen Fabrik.
www.vastsverige.com/en/sodra-bohuslan/produkter/kladesholmen

Smögen hat im 17. Jahrhundert als Fischerort begonnen.

5

SMÖGEN

SIGHTSEEING IM RINGELSHIRT

Ähnlich feingeistig wie auf Tjörn geht es in Smögen weiter. Der Ort liegt etwa auf halber Höhe der historischen Provinz Bohuslän und wie so ziemlich alle Highlights der Region weit draußen im Schärengarten.

Seit Langem hat das Schärenstädtchen Smögen einen guten Ruf als Urlaubsort. Der knapp einen Kilometer lange Kai (Smögenbryggan) ist der Hotspot schlechthin zum Sehen und Gesehenwerden. Wer sich unters Volk mischen möchte, wirft sich mit blau-weiß gestreiftem Oberteil und Shorts in Schale, stöbert durch die kleinen Geschäfte und kehrt danach in ein Lokal mit Blick auf den Kanal ein.
Doch noch bevor Bootsbesitzer und auf dem Landweg reisende Urlauber die Sommerfrische in Smögen für sich entdeckt haben, wurde die Siedlung – wie so viele an der schwedischen Küste – von Fischern geprägt. Seit 1919 findet dort an Werktagen die (nach Stockholm) zweitgrößte Fischauktion des Landes statt, wobei erstklassige Garnelen und Kaiserhummer unter den Hammer kommen.
Wer wissen möchte, wie Fischer im 19. Jahrhundert gelebt haben, kann das zum Heimatmuseum (Hembygdsmuseum) gehörende Wohnhaus besichtigen, wo Möbel, Fotos und vieles mehr erhalten sind. Und das Bootsschuppenmuseum (Sjöbodsmuseet) zeigt eine beachtliche Sammlung von Angelutensilien und Bootsausrüstung, darunter ein Echolot und Geräte der Navigation zur See.

TIPP

MIT FISCHERN IN SEE STECHEN
Wer seinen Kindern zeigen möchte, wie Fische und Meeresfrüchte auf den Teller kommen, kann in Smögen Angelausflüge sowie Krabben- und Hummersafaris mitmachen. Das Unternehmen Smögens Fiske & Skärgårdsturer befindet sich in den Händen von Tommy und Martin Olofsson. In der Hauptsaison frühzeitig reservieren (Tel. +46 70-39 95 544).
www.fisketur.se

6

Tiere und Boote beschäftigten die Menschen der Bronzezeit.

TANUM & VITLYCKE-MUSEUM

FELSRITZUNGEN AUS DER BRONZEZEIT

An der schwedischen Westküste hat man europaweit die meisten Felsritzungen gefunden. Die Bilder sind um die drei Jahrtausende alt und legen ein faszinierendes Zeugnis über die frühen Bewohner der Region ab.

Rund 10 000 Bilder an 600 Fundstellen – mit diesem enormen Ausmaß bilden die Petroglyphen rund um Tanum einen einzigartigen Kulturschatz. Sechs Orte stehen seit 1994 auf der UNESCO-Welterbeliste: Vitlycke, Aspeberget/Tegneby, Fossum, Litsleby, Gerum und Kalleby. Dort befindet sich jeweils eine besonders große Felsplatte mit ausdrucksstarken Bildern. Vor etwa 3000 Jahren haben Menschen der Bronzezeit Alltagsszenen in den Granit gemeißelt und sich so verewigt. Menschen bei der Jagd, Boote und Tiere sind wiederkehrende Motive. In der jüngeren Vergangenheit wurden die Vertiefungen mit roter Farbe gefüllt, um die Linien besser sichtbar zu machen. Ob früher auch Farbe genutzt wurde, kann natürlich nicht mehr nachgewiesen werden.
Der beste Ausgangspunkt, um einen Einblick in die Bilderwelt unserer Urahnen zu bekommen, ist das Vitlycke-Museum in Tanumshede. Von Mitte April bis Anfang November dient es als Zentrum für Wissensvermittlung und Erlebnisse. Die Dauerausstellung »Bilder, Bronze und Erzählungen« skizziert die Hintergründe der Entstehung, und im Freien veranschaulicht ein nachgebautes Gehöft weitere Aspekte des damaligen Lebens.

TIPP

SOLLEN SIE DOCH AUSTERN ESSEN
Der nahe Küstenort Grebbestad (ca. zehn Kilometer vom Vitlycke-Museum) ist die Hochburg der schwedischen Austernproduktion. Überhaupt sind dort noch viele Berufsfischer aktiv und kommen mit ihrer täglichen Ausbeute an Krebsen und Krabben an Land. Die Pension Everts Sjöbod bietet Besuchern unvergessliche Meeresfrüchte-Safaris mit Kostproben.
www.evertssjobod.se

STRÖMSTAD & NATIONALPARK KOSTERHAVET

VIELFALT IM UND AM WASSER

Im Norden von Bohuslän liegt Schwedens erster Meeresnationalpark. Zum Areal gehören auch Nord- und Südkoster, die westlichsten bewohnten Inseln des Landes. Die Überfahrt beginnt im beliebten Erholungsort Strömstad.

Mit etwa 7500 Einwohnern ist Strömstad die letzte nennenswerte Ortschaft vor der norwegischen Grenze. Diese Lage und die gute Erreichbarkeit machen Tourismus und Handel zu ganzjährig wichtigen Wirtschaftszweigen. Schon 1786 gab es dort Schwedens erstes Warmbad, was Strömstad zu einem beliebten Badeort machte. Noch heute suchen viele Besucher Entspannung im Nassen, allerdings eher im Kaltbadehaus am Meer.

Von Strömstad setzt die Fähre (Kosterbåtarna) auf die Zwillingsinseln Nord- und Südkoster über. Diese sind vom Meeresnationalpark Kosterhavet umgeben, der zu 97 Prozent unter Wasser liegt. Aufgrund seiner außerordentlichen Artenvielfalt (je etwa 6000 Arten zu Land und im Wasser) wurde das Meergebiet 2009 zum Nationalpark erhoben. Über die vielen Bewohner informiert das Besucherzentrum Naturum Kosterhavet in Ekenäs. Dort kann man auch übernachten, außerdem gibt es eine Fahrradvermietung (Kostercykeln).

Natürlich sollte man das maritime Wunderland auch vom Wasser aus erleben. In der flachen Bucht Rörvik nördlich von Ekenäs gibt es einen 200 Meter langen Schnorchelpfad mit allerlei informativen Stationen. Zudem beheimatet die Insel Südkoster mehrere Unternehmen, die Paddelboote vermieten und Touren anbieten (u. a. Kos ter Adventures und Skärgårdsidyllen).

TIPP

ZWEI GANZ VERSCHIEDENE GÄRTEN

Auf der Insel Südkoster befindet sich ein hübscher Nutzgarten mit Restaurant und Bäckerei. Im Sommer stehen außerdem Konzerte und geführte Touren im Kalender. Dagegen ist der Stein- und Blumengarten Alaska auf der Insel Nord Långö bei Strömstad ein persönliches Kunstwerk im Freien: Er wurde von Hilma Svedahl (1870–1965) angelegt, die 30 Jahre als Goldgräberin in Amerika verbracht hatte. www.kosterstradgardar.se und www.vastsverige.com/en/stromstad/produkter/alaska

↖ Das Besucherzentrum Naturum informiert über die Flora und Fauna des Meeresnationalparks.
→ Obwohl der Großteil des Nationalparks unter Wasser liegt, kann man auch trockenen Fußes viel von der Natur sehen und erleben.

7

8

Die sehenswerte Altstadt namens »Gamlebye«

FREDRIKSTAD

EINE ALTSTADT VON FORMAT

Eine halbe Stunde nach dem Passieren der Grenze wartet das erste Highlight in Norwegen: die Stadt Fredrikstad. Sie hat nicht nur eine gut erhaltene Altstadt und eine pittoreske Lage am Wasser, sondern auch Zugang zum Schärengarten Hvaler. Über Brücken kann man weit in die Inselwelt vorstoßen.

Fredrikstad liegt dort, wo sich die Glomma – Norwegens längster Fluss – kurz vor ihrer Mündung in den Oslofjord teilt. Das Highlight der Stadt ist ihr historischer Kern Gamlebyen. Die 1567 gegründete »alte Stadt« ist Nordeuropas bestbewahrtes Festungsdorf: Umgeben vom Fluss und einem sternförmigen Wehrgraben, ist ein Großteil der ursprünglichen Bebauung erhalten geblieben. Das Viertel erscheint jedoch nicht wie ein Freilichtmuseum, sondern ist dank Geschäften, Galerien und Cafés voller Leben. Für entspannte Spaziergänge über die begrünte Umwallung haben die Locals einen eigenen dialektalen Ausdruck: »jangle på vollane« – mit guter Laune »über die Wälle trippeln«.
Am Wasserlauf entlang führt der 32 Kilometer lange Glommapfad (Glommastien) nach Sarpsborg: je 16 Kilometer auf beiden Seiten des Flusses. Man durchquert eine Kulturlandschaft mit Erinnerungen an die ehemalige Säge- und Ziegeleiindustrie. Auf der Ostseite erreichen Wanderer nach etwa elf Kilometern das Geburtshaus des berühmten Polarforschers Roald Amundsen (1872–1928). Bei Fredrikstad beginnt außerdem das Hvaler-Archipel mit 833 Inseln und Felsen.

TIPP

GRENZÜBERSCHREITEND

Der schwedische Nationalpark Kosterhavet (s. Seite 64) hat einen Zwilling in Norwegen: Ytre Hvaler, die äußeren Inseln des Hvaler-Schärengartens. Etwa 30 Kilometer südlich von Fredrikstad, auf der Insel Kirkeøy, liegt das ganzjährig geöffnete Besucherzentrum Skjærhalden mit Informationen zur Flora und Fauna. www.ytrehvaler.no

9

In Drøbak herrscht das ganze Jahr über Weihnachtsstimmung.

DRØBAK

FJORDIDYLLE UND ADVENTSZAUBER

Im Städtchen Drøbak südlich von Oslo suchen die Bewohner der Hauptstadt Erholung, seitdem es Dampfschiffe gibt. Am Hang liegen unzählige Ferienhäuser mit einem allabendlichen Blick auf den Sonnenuntergang. Und im kuriosen Julehuset ist das ganze Jahr Weihnachten.

Zwischen den namensgebenden grünen Hügeln Drøye bakker und dem blauen Oslofjord ist über die Jahrhunderte ein charmanter Ort entstanden, in dem gefischt, gemalt und geurlaubt wird. Als Segelschiffbasis, Zollzentrum und Winterhafen der wachsenden Hauptstadt war Drøbak von wirtschaftlicher Bedeutung: Wenn der Fjord nach Oslo hin zufror, wurden die Güter dort umgeladen und per Pferdeschlitten weitertransportiert.

Viele Häuser rund um den Hafen stammen noch aus dem 18. Jahrhundert, als sich Fischer, Seemänner und Kaufleute, später auch Künstler in Drøbak niederließen. Bis heute halten sich einige Galerien und Geschäfte mit Kunsthandwerk. In der Nähe liegt Tregaardens Julehus: ein ganzjährig geöffnetes Weihnachtsgeschäft mit Weihnachtspostamt.

An der schmalsten Stelle des Oslofjords liegt auf einer Insel die Festung Oscarsborg. Dort gibt es ein Museum und ein Hotel in einer ehemaligen Kaserne. Im Zweiten Weltkrieg wurde von dort aus der deutsche Schwere Kreuzer Blücher versenkt, dessen 900-köpfige Besatzung Oslo einnehmen sollte. Dieser Totalverlust gab der Königsfamilie und Regierung die Zeit, mitsamt den Goldreserven aus Oslo zu fliehen.

TIPP

ABTAUCHEN UND ANFASSEN

Am Drøbaker Hafen liegt das informative Aquarium. Es stellt die Flora und Fauna im Oslofjord vor und beherbergt in mehreren Becken verschiedene Wassertiere. In offenen Becken können Seesterne, Schollen und Krebse angefasst werden.
www.drobakakvarium.no

KULTUR IM HERZEN SCHWEDENS

Auf dieser Route stoßen wir ins Landesinnere von Mittelschweden vor. Nach einem rasanten Auftakt in der Hauptstadt geht es durch die historische Provinz Uppland. Danach wartet im Hinterland die Region Dalarna, wo vieles seinen Ursprung hat, das heute als typisch schwedisch gilt – von der roten Farbe bis hin zum Einrichtungsstil.

Schweden wird historisch in drei große Landesteile gegliedert: Götaland im Süden, Norrland im Norden und Svealand dazwischen. Während wir auf den ersten drei Touren Götaland erkundet haben, geht's jetzt in die goldene Mitte des Landes.

Die erste Station ist die schwedische Hauptstadt **1 Stockholm**, die wir – je nach Zeitbudget – ausgiebig oder im Schnelldurchlauf erkunden. Für alle, die wirklich nur einen kurzen Stopp einlegen, gibt es einen Routenvorschlag für einen Tag.

Aus Stockholm heraus folgen wir der Autobahn E4 gen Norden. Beim Berufsverkehr staut es sich in alle Himmelsrichtungen, aber nach 9 Uhr morgens ist man meist flüssig unterwegs. Bei der Ausfahrt 180 (Trafikplats Märsta) fahren wir ab, um die alte Stadt **2 Sigtuna** zu erkunden. Wer die Autobahn E4 eine Abfahrt früher verlässt (bei 179 Trafikplats Rosersberg), kann auf dem Weg nach Sigtuna noch das Schloss Rosersberg mitnehmen.

Um zum **3 Schloss Skokloster** zu kommen, folgen wir der Landstraße 263 in nördlicher Richtung aus Sigtuna heraus. Vielleicht machen wir nach wenigen Minuten den Abstecher zum Schloss Wenngarn, wo mehrere Lädchen und Gastronomie beieinander liegen. In jedem Fall

INFO

Start: Stockholm
Ziel: Mora in Dalarna
Länge: ca. 410 Kilometer
Dauer: 4 Tage
Beste Reisezeit: Mai – Mitte August

In Sigtuna – der ältesten Stadt Schwedens – kann man mit Meerblick die Seele baumeln lassen.

0 10 km
N
Mora
Orsa
Fryksås
Vämhus
Bonäs
Vattnäs
Färnäs
Nusnäs
Garsås
Gesunda
Zorn Museum
Siljan
Sollerön
550
Tallhed
Skattungbyn
Skattungen
Torsmo
Furudal
Dalfors
Östanvik
Amungen
Stackmora
Gulleråsen
Gravsjö
Boda
Bingsjö
Östbjörka
Nedre Gärdsjö
Ljugaren
Vikarbyn
Rättvik
Tällberg
Siljansnäs
Dådran
Lamborn
Balungen
507
Övertänger
Enviken
Linghed
Vintjärn
Hyn
Flaten
Västanvik
Leksand
Sågmyra
Bjursås
Insjön
Grycksbo
415
Carl Larsson-gården
Toftbyn
Svärdsjö
Sundborn
Lumsheden
Hinsen
Logärden
Falun
Falu Mine
Danholn
Källviks-backen
Runn
Åshammar
Storvik
Hofors
427
Vika
Gimmen
Djura
Djurås
Flosjön
Dala-Floda
Mockfjärd
Borlänge
Ornäs
Torsång
Enbacka
Björbo
Bysjön
Näs
Långshyttan
Grycken
Stjärnsund
Dalälven
Idkerberget
Tuna-Hästberg
Grängshammar
Säter
Lindesnäs
Lövsjön
Nyhammar
Grangärdes
Ulvshyttan
Vikmanshyttan
Västerby
Hedemora
Garpenberg
Dalgränsen
Hävran
Horndal
Sunnansjö
Brunnsvik
Väsman
Uriksberg
443
Ludvika
Smedjebacken
N. Barken
Ingolsbenning
Avesta
Fors
Folkärna
Bergshyttan
Gravendal
Grängesberg
Yxsjöberg
Hällsjön
Söderbärke
Vad
Norberg
Möklinta
Klingbo
S. Barken
Fagersta
Karbenning
Höjfors
Ställberg
Ställdalen
Sävsjön
Malingsbo
Viksberg
Ängelsberg
Ämänningen
Väster ernebo
Broddbo
Sala
Heby
Norra Älgen
Bredsjö
Kopparberg
Kloten
Virsbo
Riddarhyttan
Skinnskatteberg
Seglingsberg
Sätra brunn
Hällefors
Sör-Älgen
Grythyttan
Nyhyttan
Järnboås
Gunnilbo
Ramnäs
Stora
Råsvalen
110
Sura-hammar
Skultuna
Munga
Siggebohyttan
Gusselby
Lindesbergs kyrka
Fåsjön
Lindesberg
Grecken
Stadra
Striberg
Gyttorp
Nora
Vedevåg
Oppåsen
Kolsva
Hallstahammar
Västerås
Hummelsta
Tillberga
Rockhammar
Frövi
Köping
Kolbäck
Strömsholm
Dingtuna
Barkarö
Irsta
Tidö
Viker
Ervalla
Väringen
Ödeby
Arboga
Kungsör
Kvicksund
Torshälla
Sundby-holm
Fogdön
Fiholm
Hällbybrunn
Eskilstuna
Skogstorp
Härad
Lundhagskyrkan
Hovsta
Glanshammar
Götlunda
Garphyttan
Örebro
Göksholm
St. Sundby
Ö. Hjälmaren
Ålberga
Hjälmaren
Lanna
Ekeby-Almby
St. Mellösa
Segersjö
Mosås
Fjugesta
Ekeby
Odensbacken
Fiskeboda
Kumla
Sköllersta
Hampetorp
Läppe
Äsköping
Tångeråsa
Hasselfors
Hallsberg
Kilsmo
Öljaren
Vingåker
Kolsnaren
Bie
Floda
Mellösa
Flen
Laxå
Vretstorp
Åsbro
Svennevad
Sottern
Brevens bruk
Baggetorp
Tisaren
Tisnaren
Katrineholm
Närshultasjön
Hälleforsnäs
Malmköping
Ekensholm
Sparreholm
Bäven
Gnesta
Björnlunda
Söderhamn
Sandarne
Mohed
Sogersta
Marmen
Bergviken
Ljusne
Hällgrund
Storjungfrun
Vallvik
Kilafors
Hällbo
Sibo
Annefors
Mållången
Skålsjön
489
Rimsboz
Skog
Holmsveden
E4
Axmar bruk
Axmar
Lingbo
Viksjön
Lövtjärn
Åmot
Svartnäs
Norrsundet
Hagsta
Hamrångefjärden
Ockelbo
Jädraås
Jädraån
Åsgjön
373
Kungsberget
Järbo
Fjärden
Östansjö
Östaftors
Trödje
Björke
Bönan
Testeboån
Eggegrund
Öjaren
Gävlebukten
Valbo
Gävle
Skutskär
Björn
Furuvik
Gårdskär
Lövstabukten
Fågelsundet
Sand-viken
Kungsgården
Forsbacka
Storsjön
Ärsunda
Torsåker
Hästbo
Lanforsen
Älvkarleby
Sikhjälma
Fagerviken
Hållnäs
Öregrunds-grepen
Ottnaren
Storn
Verkebro
Marma
Ängskär
Mehedeby
Västland
Österlövsta
Hedesunda
Söderfors
Forsmark
Tierp
Österfärnebo
Gysinge
Färnebo-fjärden
Hedesunda-fjärden
Gryttjom
Andersbo
Tobo
Örbyhus
Börstil
Kerstinbo
Månkarbo
Östervåla
Örbyhus
Österbybruk
Gimo
By
Vivastbo
Tärnsjö
Vendel
Morkarla
Tämnaren
Harbo
Läby
Viksta
Skyttorp
Alunda
Ekeby
Huddunge
Björklinge
Tuna
Rumhällen
Östfora
Bälinge
Storvreta
Giningen
Vittinge
Järlåsa
Ulva kvarn
Knutby
Länna
Almunge
Uppsala
Varmsätra
Ranstaa
Ransta
Altuna
Österunda
Vänge
Linnaeus' Hammarby
Såvja
Råmås
Simtuna
Örsundaån
Ekoln
Alsike
Husby-Långhundra
Örsundsbro
Skoklosters slott
Enköping
Ekolsund
Venngarn
Märsta
Lunda
Kårsta
Sigtuna
Haga
Lillkyrka
Bålsta
Rosersbergs Slottshotell
Vallentuna
Brottby
Ängsö
Veckholm
Upplands-Väsby
Täby
E18
E20
Åsbo
Bro
Kungsängen
Åkersberga
Tynnelsö
Strängnäs
Selaön
Mälsåker
Munsö
N. Björkfjärd
Jakobsberg
Djursholm
Nobel Museum
Kungsberga
Prästfjord
Stallarholmen
Stenhamra
STOCKHOLM
Brevik
Millesgården Museum
Fotografiska
City Hall
Barva
Ärla
Länna
Gripsholm
S. Björkfjärden
Mariefred
Åkers-styckebruk
Södertälje
Huddinge
Fisksätra
Älta
Tumba
Nykvarn
Heby
Yngern
Vårsta
Handen
Pershagen
Klemmingen
Mölnbo
Västerhaninge
Himmer-fjärden
Mörkö
Muskö
M ä l a r e n
1
2
3
4
5
6
7
8

Der mächtige Dom ist Uppsalas großer Hingucker. Zu seinen Füßen breitet sich die Studentenstadt aus.

biegen wir nach etwa zwölf Kilometern rechts von der Straße 263 ab und folgen weiter dem Skoklostervägen.
Um in die Uni-Stadt **4 Uppsala** zu kommen, fahren wir eine Viertelstunde auf derselben Strecke zurück, bis wir an der T-Kreuzung links in den Uppsalavägen abbiegen, der nach knapp sechs Kilometern in die Straße 255 übergeht.

Von Uppland nach Dalarna

Die 200 Kilometer von Uppsala nach Dalarna legen wir in etwa zwei Stunden über die Autobahnen E4 und E16 zurück. Die Abfahrt erfolgt bei der unaufgeregten Industrie- und Hafenstadt Gävle, die zwar Möglichkeiten zum Einkaufen und Übernachten bietet, aber aus kultureller Sicht keinen längeren Aufenthalt lohnt. Vom **5 Carl-Larsson-Haus** nach **6 Falun** sind es dann nur 15 Kilometer.
Die Fahrstunde von Falun nach **7 Nusnäs**, wo die roten Dalapferde zu Hause sind, führt am pittoresken See Siljan vorbei. In Rättvik halten wir kurz an, um über den langen Steg zu gehen. Schön am Wasser gelegen ist auch **8 Mora** mit dem Künstlerhaus von Anders Zorn – unser letzter Stopp auf dieser Route.

GASTSTÄTTEN & UNTERKÜNFTE

EINKEHREN

RESTAURANT IM MODERNA MUSEET (STOCKHOLM)

Das Museumsrestaurant ist sowohl geschmacklich als auch in Sachen Ambiente und Aussicht ein echter Tipp. Die angesehene Köchin Malin Söderström zaubert ausgewogene Gerichte mit schwedischem Schwerpunkt. Täglich (außer montags, da ist das Museum geschlossen) gibt es außerdem günstige Mittagsgerichte (Di 11–19 Uhr, Mi–So 11–16 Uhr).
www.modernamuseet.se

KNUT (STOCKHOLM)

Die beiden Knut-Filialen stehen nach eigener Aussage »mit einem Bein in der Wildnis und dem anderen in der Zivilisation«. Sie bringen den Geschmack von Nordschweden in die Hauptstadt, und zwar auf eine cool-rustikale und genussvolle Weise.
www.restaurangknut.se

BRYGGERIET ÅNGKVARN (UPPSALA)

In der Studentenstadt geht Wissensdurst Hand in Hand mit Durst nach Bier. Der Pub mit eigener Mikrobrauerei war 2016 eine Neuheit und hat seitdem Kultstatus errungen. Hier kommen Bierfans in den Genuss hausgemachter Sorten.
www.bryggerietangkvarn.se

GESCHWORNERGÅRDEN (FALUN)

Im Haus von 1744, wo einst ein Bediensteter des Bergamtes – der sogenannte Berggeschworene – wohnte, wird heute regional und saisonal gekocht. Geschichtslektion und Genuss in einem, in unmittelbarer Nähe des Bergwerks.
www.geschwornergarden.se

HEIM (MORA)

Die Speisekarte des 2021 eröffneten Gasthauses mit Restaurant und Hotelzimmern konzentriert sich auf Klassiker der mittelschwedischen Küche: Auf Rentierfilet oder Regenbogenforelle folgt als Dessert eine Kreation mit Heidel- oder Moltebeeren.
www.heim.nu

ÜBERNACHTEN

MÄLARDROTTNINGEN (STOCKHOLM)

Um das besondere Flair der Inselstadt in sich aufzusaugen, bietet sich die Übernachtung auf einem zum Hotel umfunktionierten Schiff an. Die »Königin des Mälarsees« liegt vor der Altstadtinsel Riddarholmen. Sie überzeugt mit vernünftigen Preisen, unschlagbar zentraler Lage und nahem Parkplatz.
www.malardrottningen.se

VILLA ANNA (UPPSALA)

Das exquisite Boutiquehotel ist in einem Gebäude aus dem 19. Jahrhundert untergebracht und verzaubert seine Gäste mit einer heimeligen Atmosphäre. Und wer abends hervorragend nordisch essen möchte, kann das Hotelrestaurant besuchen und danach ins gemütliche Bett fallen.
www.villaanna.se

CLARION COLLECTION HOTEL BERGMÄSTAREN (FALUN)

Von diesem klassischen Hotel in der Innenstadt erreicht man das Bergwerk in 20 Minuten zu Fuß oder in vier Minuten mit dem Auto. Neben dem reichhaltigen Frühstück sind auch Kaffee und Kuchen am Nachmittag sowie ein warmes Abendessen inklusive.
www.nordicchoicehotels.com/hotels/sweden/falun

KUNGSHAGA (ORSA)

In der Nähe von Mora liegt dieses Hotel unweit vom Orsasee. Inmitten von Feldern verbringt man eine ruhige Nacht und sammelt Energie für einen Ausflug im Paddel- oder Ruderboot. Entsprechende Ausrüstung wird vor Ort vermietet.
www.kungshaga.se

Der Gastropub der Brauerei Ångkvarn ist ein beliebter Treffpunkt in Uppsala.

DIE PRINZESSIN UNTER DEN HAUPTSTÄDTEN

Mit ihren Inseln und dem vielen Wasser hat Schwedens Hauptstadt ein ganz besonderes Flair, das zu jeder Jahreszeit verzaubert. Auch die Weltklasse-Museen, die Geschäfte mit nordischem Design und die gemütlichen Cafés und Restaurants lohnen einen ausgedehnten Citytrip. Wer nur einen Tag Zeit zum Erkunden hat, ist mit Inselhüpfen ab Gamla stan und Spaziergang zurück durch die Innenstadt gut beraten.

1

In Stockholm kann man Wochen zubringen, aber auf einem Roadtrip bietet sich die kompakte Version einer Städtereise an. Dementsprechend strategisch ist auch die Übernachtungsempfehlung für die schwedische Hauptstadt gewählt (s. Seite 71): eine zum Hotel umfunktionierte Jacht mit nahem Parkplatz in der Altstadt. Wer dort aufwacht, hat das obligatorische Boot-Erlebnis schon gehabt und kann sich die (beliebte, aber zeitaufwendige) Rundfahrt zu Wasser sparen. Und man ist mittendrin im charmanten mittelalterlichen Stadtkern und hat morgens die fotogenen Pflastergassen für sich allein, bevor die Touristen aus anderen Stadtteilen einströmen.

Gamla stan: die malerische Altstadt

In Gamla stan (wörtlich »die alte Stadt«) nahm Stockholm um 1251 ihren Anfang. Dort stehen Zeugnisse der langen Geschichte dicht an dicht: das Schloss mit der nahen Domkirche (Storkyrkan), die Begräbniskirche (Riddarholmskyrkan), das jüdische Museum und der Hauptplatz (Stortorget) mit dem Nobelmuseum. Ein beliebtes Fotomotiv ist außerdem die schmalste Gasse der ganzen Stadt: die nur 90 Zentimeter breite Mårten Trotzigs gränd.
In der Altstadt erinnern einige Orte an die frühen deutschen Bewohner, denn Stockholm wurde zur Zeit der Hanse quasi als Niederlassung von Lübecker Kaufleuten gegründet. Da gibt es eine deutsche Kirche, in der bis heute Gottesdienste in deutscher Sprache abgehalten werden, sowie deutsche Inschriften an Hausfassaden (beispielsweise am Stortorget 20) und Gassen mit Namen wie »Tyska skolgränd« (Deutsche Schulgasse) und »Tyska brinken« (Deutscher Steig).

Mini-Bootsfahrt mit der Fähre

Sich im Wirrwarr der Gassen und Treppen von Gamla stan zu verlaufen, gehört zu einem Stockholmrundgang einfach dazu. Da sich die Altstadt hauptsächlich auf die einen halben Quadratkilometer messende Insel Stadsholmen be-

← Vom Panoramaweg Monteliusvägen eröffnet sich eine fantastische Aussicht auf die Stadt. Besonders romantisch wird es bei Sonnenuntergang.
↗ Die Insel Djurgården hat viele Museen, aber auch reichlich Natur. Wie wär's mit einer Radtour?
→ In den Gassen der Altstadt lässt es sich herrlich bummeln, speisen und fotografieren.

WELCOME
BIENVENUE
مرحبا بكم
欢迎
TERVETULOA
WILLKOMMEN

schränkt, kann dabei nicht viel passieren. Wenn es Zeit zum Weiterfahren ist, wird einfach der Fähranleger (Slussen kajen) am südöstlichen Ufer angesteuert. Von dort setzen im Viertelstundentakt Boote, die zum öffentlichen Verkehrsnetz gehören, auf die Nachbarinseln Skeppsholmen und Djurgården über.

Grüne Museumsinseln

Die Insel Djurgården trägt einige von Stockholms (und ganz Skandinaviens) größten Attraktionen: das Vasamuseum, das Freilichtmuseum Skansen, das ABBA-Museum, das Nordiska Museet, das im Sommer begehbare Schloss Rosendal, das Gesamtkunstwerk Prinz Eugens Waldemarsudde und nicht zuletzt den Geheimtipp Thielska Galleriet. Familien mit Kindern finden außerdem im Vergnügungspark Gröna Lund und in der Erlebniswelt Junibacken Spiel und Spaß. All diese Highlights liegen nah beieinander und lassen sich mit einem Spaziergang im Grünen verbinden. Aber auch die Insel Skeppsholmen, die zwischen der Altstadt und Djurgården liegt, sollte man nicht außer Acht lassen. Dort lohnt sich das Aussteigen von der Fähre, wenn man sich für moderne Kunst und Architektur interessiert. Das Zwillingsmuseum Moderna und ArkDes hat sogar freien Eintritt. Das Geld, das man sich am Eingang spart, kann vorzugsweise im Museumsrestaurant ausgegeben werden. Dort gibt es nicht nur günstige Mittagsgerichte, sondern auch eine herrliche Aussicht (s. Seite 71). Skeppsholmen ist über die schmale Brücke Skeppsholmsbron mit dem Festland verbunden. Am Geländer sind zwei große goldene Kronen befestigt – ein beliebtes Fotomotiv. Und auf der anderen Seite kommt man beim Nationalmuseum heraus, das mit seiner kompakten, chronologisch aufgebauten Ausstellung einen guten Überblick über die verschiedenen Epochen in der Kunst, aber auch im Kunsthandwerk und Design gibt.

Shopping und Gastronomie

Vom Nationalmuseum bietet sich der weitere Weg durch den länglichen Park Kungsträdgården an. Er verbindet die Uferpromenade mit der geschäftigen Innenstadt, die aus den Teilen Norrmalm und Östermalm besteht. Durch diese Umgebung ziehen sich mehrere Einkaufsstraßen mit beliebten Gaststätten, darunter (von Ost nach West) die Fußgängerzonen Nybrogatan, Biblioteksgatan und Drottninggatan. Letztere führt am Ende geradewegs auf das Parlamentsgebäude zu, das auf der kleinen Insel Helgeandsholmen liegt, und eine Brücke später ist man wieder in der Altstadt. Damit schließt sich der Kreis durch Stockholms sehenswerteste Ecken.

↖ Ein Wahrzeichen der Insel Skeppsholmen ist der 1888 erbaute Großsegler »Af Chapman«. Die Kajüten sind heute Hostelzimmer!
↙ Das Nordiska Museet informiert über skandinavische Kulturgeschichte seit dem 16. Jahrhundert.

TIPP

DEN RATHAUSTURM BESTEIGEN

Stockholms Wahrzeichen – das Rathaus namens Stadshuset – steht etwas abseits der Innenstadt auf der Insel Kungsholmen. Sein 106 Meter hoher Turm, an dessen Spitze drei goldene Kronen schimmern, ist von Weitem zu sehen. Mit dem Backsteinbau, der Innenhof und Säulengang aufweist, hat Architekt Ragnar Östberg (1866–1945) ein Meisterwerk der schwedischen Nationalromantik geschaffen. Im Rahmen einer Führung (ganzjährig) kommt man auch ins Innere, unter anderem in den blauen Saal, wo immer am 10. Dezember das Nobelbankett stattfindet. Unabhängig davon kann man außerdem auf den Turm steigen, um die Stadt aus einer besonderen Perspektive zu sehen (Mai-September).
https://stadshuset.stockholm

FOTOGRAFISKA

Auf der Insel Södermalm, nahe der Station Slussen, liegt in einem ehemaligen Zollhaus die angesagte Fotogalerie Fotografiska. Sie ist kein Museum mit Sammlung und Dauerausstellung, sondern zeigt regelmäßig wechselnde Ausstellungen. Meistens laufen drei verschiedene Schauen zu bestimmten Fotografen parallel. Die großzügigen Öffnungszeiten machen Fotografiska zum idealen Ziel am Abend (tgl. 10–23 Uhr). Außerdem gibt es ein legeres Bistro, ein Restaurant mit festem Menü und einen Shop für Foto- und Designaffine.
www.fotografiska.com

MILLESGÅRDEN

Auf der nördlichen Insel Lidingö liegt das Wohnhaus und Atelier des bedeutenden schwedischen Bildhauers Carl Milles (1875–1955). Drum herum erstreckt sich ein herrlicher Skulpturenpark.
www.millesgarden.se

2

In Sigtuna findet man Ruinen aus dem Mittelalter.

SIGTUNA

SCHWEDENS ÄLTESTE STADT

Der idyllische Ort Sigtuna nördlich von Stockholm wurde bereits um das Jahr 980 gegründet. Das macht ihn zur ältesten Stadt des Landes, die noch immer existiert. Ein paar Stunden reichen, um über die Hauptstraße und die Uferpromenade zu schlendern.

Das örtliche Museum wirft in der ständigen Ausstellung »Sigtunageschichten« Schlaglichter auf gut zehn bewegte Jahrhunderte. Daneben werden Sonderausstellungen mit Bezug zur Stadt gezeigt. Im Freien erinnern historische Gebäude an vergangene Zeiten, darunter das ehemalige Rathaus, ein überraschend kleines Holzgebäude von 1744. Im Juli und August wird bei freiem Eintritt eine Ausstellung über die Entwicklung der ehemals multifunktionalen Institution gezeigt. Außerdem ist der Rathaussaal mittlerweile ein beliebter Ort für standesamtliche Trauungen.

Rund um Sigtuna haben Archäologen zahlreiche Spuren menschlichen Lebens gefunden. Die meisten Funde stammen aus der Eisenzeit, darunter Dutzende Grabfelder und Runensteine. Sigtuna entstand zu einer Zeit, als die Ära der Wikinger dem Mittelalter wich, und kann als Gegengewicht zur heidnischen Kultstätte im heutigen Gamla Uppsala gesehen werden, wo den nordischen Göttern Thor, Odin und Freja gehuldigt wurde. Sigtuna hingegen erhielt seine ersten Kirchen im 11. und frühen 12. Jahrhundert. Von den ersten Holzkirchen ist nichts mehr übrig, aber drei Ruinen erinnern an die frühen Gotteshäuser: St. Olof, St. Lars und St. Per.

TIPP

SCHLOSS ROSERSBERG

Kurz vor Sigtuna liegt Rosersbergs slott, das am wenigsten bekannte der zehn königlichen Schlösser in Schweden, 1630 erbaut und bis etwa 1860 bewohnt. Die Innenräume werden im Rahmen von Führungen (auch auf Englisch) gezeigt. Es gibt außerdem ein gemütliches Café sowie Gästezimmer.
www.kungligaslotten.se, www.rosersbergsslott.se und www.destinationsigtuna.se

3

Spannende Einblicke ins 17. und 18. Jahrhundert

SCHLOSS SKOKLOSTER

BAROCKE PRACHT AM MÄLARSEE

Das Schloss Skokloster war seinerzeit der größte Privatpalast, den Schweden je gesehen hat: ein mächtiges weißes Anwesen am Mälarsee mit vier Türmen. Schon 1701 wurde entschieden, dass der gesamte Besitz zusammenbleiben sollte.

Südlich von Uppsala ragt die Sko-Halbinsel in den Ekoln, den nördlichsten Ausläufer des Mälaren. Am östlichen Ufer wurde bereits im 13. Jahrhundert ein Zisterziensерinnenkloster errichtet. Die Klosterkirche kann man noch heute besuchen. Im Zuge der Reformation in Schweden wurden Grund und Gebäude 1527 in den Besitz der Krone eingezogen. Zu Beginn des 17. Jahrhunderts wurde das Grundstück dem damals 27-jährigen Feldmarschall Hermann von Wrangel (1587–1643) als Belohnung für seine Dienste gegeben. Doch erst dessen Sohn Carl Gustaf ließ 1654 bis 1676 das schlossartige Anwesen erbauen. Seine Tochter stiftete ein Familienfideikommiss, um den Besitz vor Zersplitterung durch Erbteilung zu bewahren. Ihrem Weitblick verdankt die Nachwelt ein Barockmuseum, das zu Europas besten gehört – die Sammlung umfasst rund 50 000 Artefakte.
Das Schloss Skokloster hat der schwedischen Großmachtzeit ein Denkmal gesetzt – jener Zeit von 1611 bis 1721, in der Schweden bedeutende Provinzen im Ostseeraum kontrollierte. Beim Rundgang können Besucher etwa den prunkvollen Königssaal, das repräsentative Schlafgemach und eine Wunderkammer mit allerlei Kuriositäten bewundern.

TIPP

SCHIFFFAHRT AB STOCKHOLM
Die Reederei Strömma bietet von Juli bis Mitte August Bootstouren von Stockholm über Sigtuna zum Schloss Skokloster an. Dieses ist von Juni bis August täglich für Besucher geöffnet, im Frühling und Herbst nur an bestimmten Wochenenden. Zudem wird im Advent ein schöner Weihnachtsmarkt veranstaltet. www.skoklostersslott.se und www.stromma.com/skokloster

DIE EWIG JUNGE STADT

Trotz seiner langen Geschichte, dem markanten Dom und dem wuchtigen Schloss wirkt Uppsala jugendlich. Das liegt daran, dass ein Viertel der Bevölkerung Studenten sind. Die zahlreichen Grünflächen und der Fluss Fyris tragen ebenfalls zum frischen Erscheinungsbild bei.

Mit etwa 165 000 Einwohnern ist Uppsala die viertgrößte Stadt Schwedens, wenn auch nur halb so groß wie das drittplatzierte Malmö. Aber Qualität geht hier schon immer vor Quantität: Seit dem 12. Jahrhundert ist es Schwedens geistliches Zentrum, und mit der 1477 gegründeten Universität auch die älteste Stätte höherer Bildung in Nordeuropa.

Einer ihrer bekanntesten Bewohner war der Botaniker Carl von Linné (1707–1778), dem wir das System mit zweiteiligen lateinischen Namen zur Bezeichnung und Kategorisierung

4

↑ Unterhalb des Schlosses breitet sich der akkurat angelegte Garten aus.
↙ Der Fluss Fyris ist die Lebensader von Uppsala. Am Ufer entspannen nicht nur Studenten.

von Pflanzen und Tieren verdanken. In und um Uppsala erinnert einiges an ihn: der Linnégarten mit dem ehemaligen Wohnhaus, das heute ein Museum beherbergt (Linnéträdgården & Linnémuseet), der botanische Garten und das Landhaus Hammarby.
Der weltweit bekannte Naturforscher des Aufklärungszeitalters würde sich sicher freuen, wenn er wüsste, wie grün »sein« Uppsala heute ist. An den botanischen Garten grenzt der akkurat angelegte, barocke Schlossgarten an, außerdem gibt es einen üppigen Stadtpark (Stadsträdgården) und auch die Ufer des Flusses Fyris sind stellenweise bepflanzt. Wer auf der Fußgängerbrücke Hamnspången startet, das Schloss auf der nördlichen Seite passiert, einmal längs durch den Schlossgarten schreitet, durch die Tausenden Arten im »Botaniska« stöbert und sich schließlich im Café Victoria eine Stärkung gönnt, hat zwei Kilometer ununterbrochen durch Grünanlagen zurückgelegt.

Kulturhighlights dicht an dicht

Bei diesem Spaziergang merkt man auch, wie kompakt Uppsala ist; die kulturellen Sehenswürdigkeiten liegen nah beieinander. Im Gegensatz zu Stockholm verlangt die Universitätsstadt ihren Besuchern keine ausgeklügelte Planung ab, denn an einem Tag schafft man das meiste. Die größte Attraktion ist und bleibt der Dom mit seinem 27 Meter hohen Kirchenraum und der Schatzkammer. Jahr für Jahr finden etwa 500 000 Besucher ihren Weg in Nordeuropas größtes Gotteshaus.
Gegenüber vom Eingang befindet sich im ältesten erhaltenen Universitätsgebäude aus dem frühen 17. Jahrhundert das Museum Gustavianum. Es beschäftigt sich mit der Geschichte der Forschung. Unter der Kuppel befindet sich das anatomische Theater: ein besonderer Lehrsaal, in dem vor den Augen der Studenten tote Tiere und manchmal sogar Menschen seziert wurden.
Von dort sind es nur wenige Schritte bis zum Schloss, das sich mit seinen massiven runden Türmen imposant auf einem Hügel erhebt. Im Inneren sind zwei ganz unterschiedliche Sehenswürdigkeiten untergebracht: das Kunstmuseum und die Vasaburg. Bei Letzterer streifen die Besucher durch Ruinen aus dem 16. Jahrhundert. Es war nämlich der bekannte Schwedenkönig Gustav Vasa, der das Schloss zu Uppsala ab 1549 erbauen ließ.
Wer sich nicht nur für Royals, sondern auch für die »normalen« Leute interessiert, erfährt im Upplandsmuseet Wissenswertes über die historische Provinz Uppland und seine Bewohner über einen Zeitraum von 5000 Jahren. Die kompakte Ausstellung ist in einer historischen Wassermühle am Fyris untergebracht. Diese gehörte erst der Kirche, dann dem König und später der Universität – den drei großen Mächten, denen man in Uppsala immer wieder begegnet.

TIPP

AUF LINNÉS SPUREN WANDERN
Die Stadt hat acht Spazierwege rekonstruiert, auf denen der Professor mit seinen Studenten unterwegs war, um ihnen die heimische Flora näherzubringen (Linnéstigarna). Diese sind zwischen vier und 16 Kilometern lang. Im Internet gibt es Karten und Wegbeschreibungen in englischer Sprache.
www.linnestigarna.se

HANDWERKSDORF ULVA KVARN
Zehn Kilometer nördlich von Uppsala befindet sich die ehemalige Wassermühle Ulva Kvarn. Drum herum hat sich im Laufe der Jahrhunderte ein lebendiges Handwerkerdorf entwickelt, wo bis heute ein Glasbläser, ein Silberschmied, zwei Gaststätten und einige kleine Geschäfte ansässig sind.
www.ulvakvarn.com

5

Die Larssons haben Designgeschichte geschrieben.

CARL-LARSSON-HAUS

WELTBERÜHMTES KÜNSTLERHEIM

Das ehemalige Wohnhaus des schwedischen Künstlerpaares Carl und Karin Larsson ist der Inbegriff des ungezwungenen nordischen Einrichtungsstils. Im frühen 20. Jahrhundert hat die Familie dort eine Oase der Farben und Formen geschaffen.

Carl Larsson (1853–1919) war einer der bedeutendsten schwedischen Künstler – aber er war nicht allein: Seine Frau Karin (1859–1928) und die sieben Kinder müssen das Leben des Malers inspiriert und aufgewirbelt haben. Die lieblichen Larsson'schen Aquarelle und Ölgemälde, die in diversen Museen ausgestellt werden, zeigen vor allem Szenen des häuslichen Lebens und der Dorfgemeinschaft, etwa lichtdurchflutete Wohnzimmer, Feste im Kreise der Familie und ins Spiel vertiefte Kinder in hellblauer Kleidung. Wer das Haus Lilla Hyttnäs in Sundborn betritt, steigt quasi mitten hinein in die Gemälde. Hier sind sie, die geradlinigen Holzmöbel und die von Karin gewebten Textilien, die gemeinsam ein heiteres Gesamtkunstwerk ergeben. Die Larssons haben das Haus, nachdem Karins Vater es ihnen 1888 überlassen hatte, nach ihrem Geschmack gestaltet, eingerichtet und umgebaut. Gut zehn Jahre später gab Carl Larsson das Buch »Ett Hem« (Ein Zuhause) mit 24 Bildern heraus, das die wohnliche Mischung aus schwedischer Handwerkstradition und zeitgemäßen Details des Jugendstils bekannt machte. Es sollte anderen Familien als Vorbild für die Einrichtung der eigenen vier Wände dienen – und gilt noch heute als Keimzelle des schwedischen Designs.

TIPP

KIRCHE VON SUNDBORN

Nach einem zehnminütigen Spaziergang am Fluss entlang erreicht man die Kirche von Sundborn: ein bescheidenes rotes Holzgebäude von 1755 mit separatem Glockenturm. Die Restaurierung 1905 leitete Carl Larsson persönlich und verpasste ihr mit farbenfrohen Malereien einen unverwechselbaren Stil. www.carllarsson.se

6

Das Schwedenrot stammt aus Falun.

BERGWERK VON FALUN

UNTERIRDISCHES DENKMAL

Im 17. Jahrhundert deckte das Bergwerk von Falun zwei Drittel des Bedarfs an Kupfer – weltweit! Aber auch davor und danach wurden hier wertvolle Rohstoffe gewonnen. Heute gehören die mittlerweile stillgelegte Mine sowie die umliegenden Häuser zum UNESCO-Weltkulturerbe.

Warum sind die typischen Schwedenhäuser rot angestrichen? Die Antwort liegt in Falun unter der Erde: Dort wurde etwa tausend Jahre lang Kupfer abgebaut. Als Nebenprodukt fielen rote Farbpigmente an, die einem Außenanstrich zugegeben wurden. Im 17. Jahrhundert konnten die Hausbesitzer ihren Holzhäusern damit buchstäblich einen schönen Schein geben: Das satte Rot erinnerte an die Backsteinbauten wohlhabender Mitteleuropäer.

Als Besucher kann man eine Führung ins Innere der Mine mitmachen. Dabei geht es durch schmale Gänge, große Hohlräume und vorbei an tiefen Schächten. Außerdem stehen das Grubenmuseum und bewahrte Gebäude in der Umgebung offen, darunter das Creutz'sche Schachthaus.

Ein Vorfall im Bergwerk hat mehrere deutsche Schriftsteller zu Erzählungen inspiriert, darunter E. T. A. Hoffmann (»Die Bergwerke zu Falun«): Der Bergmann Fet Mats Israelsson war 1677 in der Grube verschwunden, aber die chemische Substanz Kupfersulfat hatte seinen Leichnam so gut konserviert, dass ihn seine ehemalige Verlobte wiedererkannte.

TIPP

FALUN ZU WASSER

Falun ist ein guter Ausgangspunkt für Paddeltouren. Beim Aktivitätszentrum Sjösidan bietet das Unternehmen Human by Nature Erlebnisse zu Wasser an. Außerdem befindet sich am südlichen Stadtrand der Falu Vildvattenpark, Schwedens erste künstlich angelegte Strecke zum Wildwasserrafting.
www.visitdalarna.se/en/canoeing-falun und
www.sjosidanfalun.se/human-by-nature

Der Platz Stortorget bildet das
Herz der Stockholmer Altstadt.

7

Dalapferde fordern eine ruhige Hand.

DALAPFERDE AUS NUSNÄS

EIN SYMBOL FÜR SCHWEDEN

Kein schwedisches Souvenir wird so gern gekauft wie ein rotes Holzpferd. Die sogenannten Dalapferde kommen – der Name verrät es – aus der historischen Provinz Dalarna. Im Dorf Nusnäs werden sie von ruhiger Hand geschnitzt und bemalt.

Wir Menschen scheinen seit Urzeiten eine besondere Beziehung zu Pferden zu haben. Schon unsere Vorfahren haben sie in Höhlenmalereien und Felsritzungen verewigt. Und auch in der nordischen Mythologie spielte das Pferd eine zentrale Rolle. Im 18. Jahrhundert vertrieben sich Waldarbeiter in Mittelschweden die Zeit am Abend mit dem Schnitzen von Spielzeug für die Kinder daheim. Auch ihnen leisteten Pferde gute Dienste, indem sie im Winter die gefällten Bäume zogen und im Sommer die Feldarbeit erleichterten. Kein Wunder also, dass ausgerechnet dieses Tier abgebildet wurde.

Der erste schriftliche Bericht darüber, dass Menschen in Dalarna Holzpferdchen auf Märkten verkauften, stammt aus dem Jahr 1624. Seitdem wurde das Kunsthandwerk immer weiter verfeinert. Im 19. Jahrhundert erhielten die Pferde die typischen aufgemalten Ornamente: eine stilisierte Mähne sowie Sattel und Zaumzeug. Nach wie vor beschränkt sich die Produktion der Holzpferde auf Dalarna, genauer gesagt auf das Dorf Nusnäs. Dort können Besucher Kreationen in allen erdenklichen Größen und Farben kaufen, die Herstellung beobachten und sich selbst im Anmalen versuchen.

TIPP

DREI BRÜDER, ZWEI MANUFAKTUREN

Im Jahr 1928 nahmen die Brüder Nils und Jannes Olsson (als Teenager!) ein kleines Vermögen in die Hand, um mit einer Bandsäge die Herstellung der Holzpferde zu beschleunigen. Damit machten sie ihrem großen Bruder Grannas auf der gegenüberliegenden Straßenseite Konkurrenz. Noch heute liegen die beiden Unternehmen nebeneinander.
www.nilsolsson.se und www.grannas.com

8

Im Zorngården lebten der Maler und seine Frau.

MORA

KUNST UND SPORTSGEIST

In Mora steht Zorn hoch im Kurs. Nein, nicht die emotionale Erregung, sondern der Maler Anders Zorn (1860–1920). Er hat der Nachwelt ein sehenswertes Haus und ausdrucksstarke Kunstwerke hinterlassen.

Das Künstlerheim (Zorngården) liegt beschaulich am Südufer des Flusses Hemulån. Dort lebte der Künstler mit seiner Frau Emma ab 1886. Das Haupthaus gehörte ursprünglich Zorns Großeltern; er ließ es von deren Hof südlich von Mora abtragen und auf dem eigenen Grundstück neben der Kirche wieder aufstellen. Nach und nach wurde es ausgebaut und im Zeitgeist der schwedischen Nationalromantik ausgestaltet. Besonders auffällig ist die Holzkonstruktion, die den neun Meter hohen »Großen Raum« (Stora Rummet) beherbergt.

Neben dem Wohnhaus befindet sich das Zornmuseum (www.zorn.se), das über die weltweit größte Sammlung an Werken des Künstlers verfügt. Neben der Dauerausstellung mit Zorn'schen Aquarellen, Ölgemälden, Skulpturen und Radierungen werden wechselnde Ausstellungen mit fremden Werken gezeigt. Der Künstler war nämlich selbst ein engagierter Sammler.

So deutsch der Name Zorn klingt, ist er es übrigens auch: Anders' Vater war ein Brauer namens Johann Leonhard Zorn aus der Nähe von Würzburg.

TIPP

DAS ZIEL DES WASALAUFS

Seit über hundert Jahren findet jeden Winter der Skilanglauf-Wettbewerb Vasaloppet in Dalarna statt. Er startet in Sälen und endet nach 90 Kilometern in Mora. Der Zielbogen steht das ganze Jahr über. Neben dem Skirennen gibt es auf der Strecke mittlerweile auch Sportveranstaltungen für Radfahrer und Läufer: den Cykelvasan und den Ultravasan im August, beide wie das Original mit verschiedenen Distanzen.
www.vasaloppet.se/en

In Nordschweden im Meer baden? Das geht – zum Beispiel am Strand Klubbviken Havsbad bei Luleå.

SCHWEDEN & NORWEGEN | ROUTE 5 – VON LULEÅ NACH NARVIK

DIE WILDNIS VON SCHWEDISCH LAPPLAND

Auf dieser Route durchfahren wir das Gebiet, das als letzte Wildnis Europas bekannt ist. Von der schwedischen Ostseeküste geht es quer über die skandinavische Halbinsel bis in die nordnorwegische Fjordwelt. Unterwegs gewinnen wir Einblicke in die Kultur des samischen Urvolks.

Höher hinaus geht es in Schweden (fast) nicht: Diese Route durchquert Norrbotten, die nördlichste, größte und am dünnsten besiedelte Provinz des Landes. Auf einen Quadratkilometer kommen hier nicht einmal drei Menschen. Mit anderen Worten: In Nordschweden dominiert die Natur. Die Landschaft ist aber genau genommen nicht unberührt, denn seit jeher streifen die Rentierherden der Samen durch die einsamen Gefilde. Und bis vor drei, vier Generationen zogen die Rentierzüchter mit ihnen.
Wir starten in der Provinzhauptstadt **1 Luleå** an der Ostküste, die mit knapp 50 000 Einwohnern für nordschwedische Verhältnisse eine richtige Metropole ist. Dort in der Nähe liegen auch Kalix, wo der Kaviar »Kalix Löjrom« mit der geschützten Ursprungsbezeichnung herkommt, und Överkalix, wo man gut angeln kann. Der Fluss Kalixälven gehört nämlich zu Schwedens vier Nationalflüssen, die vor dem Ausbau der Wasserkraft geschützt sind.
Von Luleå folgen wir dem Luleälven flussaufwärts ins Landesinnere. Dabei passieren wir den Ort Boden, der für seine Festung bekannt ist. Bis weit ins 19. Jahrhundert war Schwedens Landesteil Norr-

INFO

Start: Luleå (Schweden)
Ziel: Narvik (Norwegen)
Länge: ca. 550 Kilometer
Dauer: 4 Tage
Beste Reisezeit: Juni – Mitte September

1
Luleå
Gammelstad
Cape Wild
Bergnäset
2
Harads
Treehotel
Boden
Överluleå
3
Jokkmokk
Jokkmokks frikyrka
Porsifors
4
Nationalpark Muddus
Muddusfallet
Gällivare
Dundret 820
5
Kiruna
Kiruna Pastorat
ICEHOTEL Jukkasjärvi
6
Abisko
STF Abisko Turiststation
Abiskojaure
Narvik
Torneträsk
Kebnekaise
Sarek
Ripakaisenvuoma
Vittangi kyrka
Lannavaara minneskyrka
Lainio kapell
Junosuando kyrka
Kolarin kirkko
Muodoslompolo kyrka
Gustav Adolfs kapell
Arvidsjaurs kyrka
Bergnäs kåtakyrka
Arvidsjaur
Storforsen
Benbryteforsen
Kalix
Pajala
Karesuando
Porjus
Vittangi
Älvsbyn
Gunnarsfjärden
Tistersöfjärden
E10
E45
E4
E8
0
20 km
N

Das alte Luleå liegt etwas abseits und besteht aus einem historischen Kirchendorf.

land von geringer militärischer Bedeutung, aber die reichen Erzfunde und der Bau mehrerer Zugstrecken veränderten die Situation. Die aus fünf Forts, Batteriestellungen und Schanzwerken bestehende Festung gilt als eines der größten militärischen Bauprojekte seiner Zeit.

Dem Luleälven weiter folgend, erreichen wir das Dorf **2 Harads**, das dank dem Treehotel weit über Schwedens Grenzen hinaus bekannt geworden ist. Ob dort oder im nahen neuen Wellnesshotel Arctic Bath eine Übernachtung drin ist, hängt vom Urlaubsbudget ab. An der spektakulären Architektur beider Adressen kann man sich aber auch ohne Zimmerbuchung erfreuen.

Im Gebiet der Samen

Die nächste größere Ortschaft ist **3 Jokkmokk**, seit Jahrhunderten ein Zentrum der samischen Kultur. Als die Rentierzüchter noch nicht sesshaft waren, überwinterten viele von ihnen in Jokkmokk, während sich auch die Tiere in der Umgebung aufhielten. Der Winter ist dort milder als im Hochgebirge. So entstand die Tradition des jährlichen Wintermarkts, der seit 1605 in Jokkmokk stattfindet.

Unweit davon eröffnet sich der **4 Nationalpark Muddus**. Seine sehenswertesten Ecken erreicht man vom Parkplatz zu Fuß innerhalb weniger Stunden. Wer Lust auf mehr Wildnis hat, kann aber auch bis zu einer der Hütten wandern und dort übernachten.

Danach schließt eine längere Fahretappe an: knapp 200 Kilometer nach **5 Kiruna**. Dabei durchqueren wir den östlichen Zipfel der Welterbestätte Laponia. Die Kombination aus unberührter Natur und ursprünglicher Lebensweise der Samen in der schwedischen Arktisregion ist weltweit einmalig und laut UNESCO ein Paradebeispiel für ein Nomadengebiet, in dem eine sonst kaum noch verbreitete Lebensweise gepflegt wird.

Das erste Drittel der Fahrt von Muddus nach Kiruna markiert Gällivare, der fünftgrößte Ort der Provinz mit bescheidenen 10 500 Einwohnern. Dort gibt es Möglichkeiten zum Einkaufen, Tanken und Übernachten. Nach der Durchfahrt stoßen wir auf die Europastraße E10, die uns bis ans Routenziel Narvik bringt. Aber bis dorthin sind es noch etwa vier Fahrstunden.

Nordwestlich von Kiruna beruhigt nach etwa 50 Kilometern der See Torneträsk das Auge. An seinem Südufer entlang geht es gemächlich in Richtung Norwegen. Doch die Strecke am See will man auskosten, so schön und wild und immer wieder anders ist die Landschaft zu beiden Seiten. Rechts erheben sich die unerreichbaren Berge jenseits des schmalen Gewässers, und auch links blitzt hin und wieder eine schneebedeckte Kappe auf. Europas letzte Wildnis verzaubert mit ihrer ehrfurchtgebietenden Schönheit.

Im Nationalpark **6 Abisko** wird die Landschaft erstmals greifbar: Dort gibt es eine ganzjährig geöffnete Herberge und ein Besucherzentrum mit einer Ausstellung zur Flora und Fauna der Region. Auf der Karte sind Wanderwege eingezeichnet, die tief in den Nationalpark hineinführen, aber auch Halbtagesstrecken, für die man keinen meterhohen Rucksack braucht.

Vor der norwegischen Grenze liegen noch zwei Skigebiete: Björkliden und Riksgränsen. Ersteres hat ein empfehlenswertes Gasthaus: das Hotel Fjället mit dem Restaurant Lapporten. Dort nimmt man sein Frühstück, Mittagessen und Dinner mit fantastischem Ausblick ein. Und dann weicht Schweden bald Norwegen: von Riksgränsen nach Narvik sind es etwa 45 Kilometer jenseits der Grenze. In die zerfurchte felsige Landschaft sind graue Hütten eingestreut, die sich in kleinen Gewässern spiegeln. Viele Schilder verweisen auf Gedenkstätten, die an die Schlacht von Narvik im Zweiten Weltkrieg erinnern.

Die Einfahrt nach Narvik gestaltet sich dank der Hålogaland-Brücke ziemlich spektakulär: Diese 2018 eingeweihte, 1,5 Kilometer lange Hängebrücke überquert den Rombaksfjord. Für die Überfahrt wird eine Gebühr in Höhe von etwa 12 Euro erhoben.

GASTSTÄTTEN & UNTERKÜNFTE

EINKEHREN

RESTAURANG CG (LULEÅ)

Gehobene Küche auf nordschwedische Weise und mit viel Fleisch und Fisch. Das Norrbotten-Menü umfasst die drei Klassiker Kalix-Kaviar, Rentier-Steak und ein Dessert mit Moltebeeren. Alternativ kann man auch nach Karte bestellen.
www.restaurangcg.se

RESTAURANG ÁJTTE (JOKKMOKK)

Im Anschluss an das örtliche Museum befindet sich eines der wenigen samischen Restaurants in der Umgebung. Dort stehen ganz selbstverständlich Rentier und Seesaibling auf der Karte. Die mittäglichen Tagesgerichte sind schwedische Hausmannskost, und zusätzlich kann man »Suovas« und andere samische Spezialitäten bestellen.
www.ajtte.com

SPIS (KIRUNA)

Die »Speise« vereint Restaurant, Café und Feinkostladen an einer Adresse. Ob Tagesteller zu Mittag, Karottenkuchen zum Kaffee oder Drei-Gänge-Menü am Abend: Alles ist von hoher Qualität. Für die Weiterfahrt gibt's Knäckebrot, Käse, Lakritze und Schokolade aus dem Geschäft. Man kann hier auch in Zimmern mit Hotel- bzw. Hostelstandard übernachten.
www.spiskiruna.se

LÅKTATJÅKKO FJÄLLSTATION (BJÖRKLIDEN)

Die Bergstation liegt auf einer Höhe von 1228 Metern über dem Meer und beherbergt Schwedens höchstgelegene Gaststätte. Die neun Kilometer von Björkliden kann man wandern, mit Schneeschuhen gehen oder per Raupenfahrzeug zurücklegen (kostet extra). Die Spezialität des Hauses sind Waffeln mit Preiselbeeren. Wer übernachtet, bekommt auch Abendessen und Frühstück mit samischen Aromen.
www.bjorkliden.com

ÜBERNACHTEN

ARCTIC BATH (HARADS)

Eine Unterkunft für diejenigen, die das Besondere suchen: Die Zimmer schwimmen auf dem Wasser des Flusses Luleälven, und in der Mitte befindet sich ein Wellnessbereich in einem spektakulären Holzbau. Auch das Essen ist erlesen.
www.arcticbath.se

SÁPMI NATURE CAMP (GÄLLIVARE)

Dieser preisgekrönte Anbieter steht für Öko-Tourismus, der Urlaubern die samische Kultur behutsam und authentisch nahebringt. Besucher übernachten in komfortablen Lavvu-Zelten in der Natur, können die Sauna nützen, eine Rentierherde besuchen und andere geführte Ausflüge dazubuchen.
www.sapminature.com

CAMP RIPAN (KIRUNA)

Hier übernachtet man in kleinen, komfortablen Hütten, sogenannten Chalets. Drum herum wird viel geboten: gutes Essen im hoteleigenen Restaurant, die Wellnessabteilung »Aurora Spa« mit Blick auf die Nordlichter und allerlei buchbare Ausflüge zu jeder Jahreszeit.
www.ripan.se

Das Icehotel bietet spektakuläre Kunstsuiten, kann aber auch tagsüber besichtigt werden.

Luleå – eine lebendige Stadt im hohen Norden

1

LULEÅ

ALTE KIRCHENSIEDLUNG AM MEER

Im Hinterland der Stadt Luleå befindet sich ihre Vorgängersiedlung: ein Kirchendorf, das heute zum UNESCO-Weltkulturerbe gehört. Im Sommer lohnt sich außerdem der Abstecher auf die vorgelagerten Schäreninseln.

Die Stadt Luleå an der Mündung des Flusses Luleälven entstand vor rund tausend Jahren etwa zehn Kilometer flussaufwärts. Dort kann man das ehemalige Zentrum noch besichtigen: Es heißt Gammelstad (wörtlich »alte Stadt«) und gehört zum UNESCO-Welterbe. Um die 400 rote Hütten liegen dicht an dicht zu Füßen der 1492 eingeweihten Steinkirche. Schwedens größte Kirche nördlich von Uppsala erinnert an den Wohlstand der Gemeinde, deren Mitglieder unter anderem mit Lachs und Lederwaren handelten.
Doch so minimalistisch haben die Menschen damals nicht gelebt. Die Siedlung diente den Bewohnern, die weiter entfernt ihre Bauernhöfe hatten, als vorübergehende Übernachtungsmöglichkeit, wenn sie zum Gottesdienst, zur Volksversammlung oder an Markttagen zusammenkamen. Erst 1621 wurde aus diesem Handelsplatz die Stadt Luleå. Weil die Landhebung immer mehr Wasser aus dem Hafen verdrängte, zog sie 28 Jahre später an ihren heutigen Platz um. Dort liegt sie aber auch nicht schlecht: von Wasser durchzogen und umgeben von einem sehenswerten Archipel. Zwischen Skellefteå weiter südlich und Haparanda an der finnischen Grenze durchbrechen über 4000 Inseln und Schären die Wasseroberfläche der Bottenwiek. Die Reederei Laponia bietet von Juni bis September verschiedene Touren ab Luleå an.

TIPP

CAPE WILD
Dieser kleine Tierpark hat Elche und Rentiere, die man im Rahmen einer Führung besuchen und füttern kann. Man sollte im Voraus einen Platz reservieren, am besten über die Webseite. Cape Wild liegt am Weg Richtung Boden, etwa zehn Kilometer nordwestlich von Luleå. www.capewild.se

2

Eine der surrealen Suiten des »Treehotels«

HARADS

WELTBERÜHMTE BAUMHÄUSER

Obwohl – oder gerade weil – das »Treehotel« irgendwo im Nirgendwo liegt, finden anspruchsvolle Gäste aus aller Welt ihren Weg dorthin. Promis entspannen zwischen den Baumwipfeln, während Normalsterbliche eine Führung und andere Aktivitäten mitmachen.

Wie eine Fata Morgana wirken die verschiedenen Baumhäuser, die in Harads zwischen den starken Kiefern schweben. Jedes wurde von einem anderen renommierten nordischen Architekturbüro entworfen. Vor allem der verspiegelte Glaswürfel »Mirrorcube« aus der Feder von Tham & Videgård spielt mit der Wahrnehmung des Betrachters. Und der Boden des hundert Quadratmeter großen »7th Room« – designt von Snøhetta, dem norwegischen Powerhouse der modernen Architektur – bildet von außen den Blick auf Himmel und Baumkronen ab.

Das »Treehotel« verkörpert das Zusammenspiel von Design und Natur und hat es seit dem Bau der ersten Baumhäuser ab 2010 auf unzählige »Bucket-Listen« geschafft. Aus Amerika reisen Berühmtheiten wie Justin Bieber und Kate Moss mit dem eigenen Flieger an, um in den nordschwedischen Wäldern ungestört zu entspannen. Der Preis für eine Übernachtung im Baumhaus liegt zwischen etwa 500 und 1300 Euro. Wer sich das nicht leisten möchte, kann tagsüber bei einer Führung in die Baumhäuser klettern und hineinschauen. Deutlich erschwinglicher sind die Zimmer im historischen Gasthaus am Boden, mit dem alles anfing: Eine Nacht im Doppelzimmer mit Frühstück ist ab etwa 110 Euro buchbar.

TIPP

UNVERGESSLICHE MOMENTE

Das Treehotel hat aus einem verschlafenen 600-Seelen-Dorf ein Zentrum für Erlebnisse in der Natur gemacht – mit geführten Wanderungen, Paddel- und Angeltouren, Bären- und Elchsafaris, Hundeschlittenfahrten, Ausritten zu Pferd, Yoga mit Aussicht, außergewöhnlicher Kulinarik und Wellness. www.treehotel.se/en/activities

3

ZENTRUM DER SAMISCHEN KULTUR

Der knapp 3000 Einwohner starke Ort Jokkmokk dient den Samen seit über 600 Jahren als Marktplatz und Treffpunkt. Ein Museum gibt Einblicke in die Kultur der nordischen Rentierzüchter.

Zu Beginn des 17. Jahrhunderts, kurz nach der langsam durchgeführten Reformation Schwedens, wollte der Staat seinen Einfluss auf den hohen Norden stärken. Deswegen wurden offizielle Marktplätze eingerichtet, an denen Handel getrieben, Steuern erhoben und die christliche Botschaft verbreitet wurden. Jokkmokk war einer dieser ausgewählten Orte. Seit 1605 findet dort jeden Winter ein Markt statt (Jokkmokks marknad), der sich über die Jahrhunderte zu einem Volksfest mit bis zu 76 000 Besuchern entwickelt hat.
Das ganze Jahr über vermittelt das Schwedische Fjäll- und Samemuseum Ájtte (»Vorratsspeicher«) Wissenswertes über die samische Kultur sowie die Natur im skandinavischen Hochgebirge. Der Komplex umfasst außerdem den botanischen Garten »Fjällträdgården«, der die Eigenheiten der nordschwedischen Fauna auf kleiner Fläche zeigt. Dort wachsen unter anderem Gletscher-Hahnenfuß, Karlszepter und die Weiße Silberwurz.
Auch der Kunsthandwerksverband »Sámi Duodji« hat seine Zentrale in Jokkmokk. Die Galerie bietet Kreationen von Künstlern und Designern aus ganz Schwedisch Lappland zum Verkauf, vom traditionellen Schmuck bis hin zum stilisierten Wohnaccessoire (Mo–Fr 12–16 Uhr). Wer nach einem originellen Andenken sucht, hat sicherlich hier die größte Auswahl.

← Der Lebensrhythmus der Samen ist jenem der Rentiere angepasst. Nur einmal im Jahr wird die ganze Herde zusammengetrieben.
↗ Auch im Kunsthandwerk der Sami werden Rentierprodukte verwendet, vor allem Fell, Leder und Knochen.

TIPP

ÖKO-TOURISMUS BEI DEN SAMEN

Rund um Jokkmokk gibt es einige kleine Veranstalter, die die samische Kultur über Ausflüge und kulinarische Angebote vermitteln. Das Leben des Urvolks folgt dem Rhythmus der Rentiere und der ausgeprägten Jahreszeiten.
Allgemeine Informationen:
www.destinationjokkmokk.se
Naturerlebnisse mit den Jokkmokk-Guides:
www.jokkmokkguiderna.com
Rentiere besuchen mit Silba Siida:
www.silba.se/adventures
Genusswanderungen mit »Essense of Lapland«:
www.eolapland.se

4

Eine typisch nordschwedische Landschaft

NATIONALPARK MUDDUS

WILDNIS, WALD UND WEITEN

Muddus ist einer von wenigen Nationalparks in Nordschweden, die man mit dem Auto erreichen kann. Das unberührte Waldgebiet mit Mooren und Wasserfällen ist einen Stopp wert.

Der eiförmige Nationalpark Muddus (oder »Muttos« in der Sprache der Samen) bedeckt eine Fläche von fast 500 Quadratkilometern. Damit ist er – nach dem Padjelanta, Sarek und Stora Sjöfallet – der viertgrößte des Landes. Für Wanderer erschlossen ist jedoch nur das südliche Viertel. Der Nationalpark zeigt sich als stilles Waldgebiet, von mehreren Wasserläufen durchzogen. Den Mittelpunkt bildet der See Muddusjaure, von dem der Fluss Muddusälven abfließt. Auf dem Weg zur Mündung in den Stora Luleälven stürzt das Wasser über den Doppelwasserfall Muddusfallen aus 42 Meter Höhe. Die Entfernung vom Südeingang Skaite (Skájdde) beträgt etwa fünf Kilometer – eine lohnende Wanderung. Zur friedlichen Geräuschkulisse trägt nicht nur das beharrliche Rauschen bei, sondern auch das Zwitschern zahlreicher Vögel. Über hundert Arten lassen sich zum Brüten rund um den Muddusjaure nieder, darunter der Singschwan – das Symboltier des Nationalparks. Zum Schutz der Vögel darf ein bestimmter Teil mehrere Monate im Jahr nicht betreten werden. Vom Aussichtsturm »Muttosluoppal« (weitere sechs Kilometer Wanderung) mit einem geschlossenen Raum ganz oben kann man die gefiederten Besucher in Ruhe beobachten.

TIPP

WANDERUNG ZUM WASSERFALL

Über die Landstraße E45 und eine Abzweigung beim Kraftwerk von Ligga kommt man zum Parkplatz Skaite. Dort beginnt der Wanderweg zu den sehenswerten Wasserfällen und zum Aussichtsturm für Vogelgucker. Auch Picknicktische und Rasthütten stehen bereit, die man ohne vorherige Anmeldung zur Mittagspause oder zum Übernachten nutzen kann. www.sverigesnationalparker.se/de

5

Kiruna mit der Erzmine im Hintergrund

KIRUNA

EIN HERZ FÜRS ERZ

Das Schicksal von Schwedens nördlichster Stadt wird von einer der größten Eisenerzminen der Welt bestimmt: Der Rohstoff beflügelt die Wirtschaft, birgt aber auch eine akute Einsturzgefahr.

Dass es die Stadt Kiruna weit nördlich vom Polarkreis überhaupt gibt, liegt am reichen Eisenerzvorkommen in den Bergen Luossavaara und Kiirunavaara und an der hartnäckigen Umsetzung der Eisenbahnverbindung an die norwegische Atlantikküste im 19. Jahrhundert. Damit konnte man größere Mengen transportieren als mit den Rentierschlitten zuvor – der Abbau nahm Fahrt auf. Heute werden jährlich rund 24 Millionen Tonnen Roherz abgebaut. Das 1890 gegründete Bergbauunternehmen LKAB bietet Führungen durch die Erzmine an.
Mittlerweile wird Kiruna vom Bergwerk jedoch so stark untergraben, dass die ganze Stadt fünf Kilometer nach Osten verlegt wird. Das Vorhaben finanziert ebenfalls LKAB, um weiterhin Eisenerz fördern zu können. Das weltbekannte Jahrhundertprojekt dauert vermutlich noch bis 2040 an, doch schon 2022 wurde das neue Stadtzentrum feierlich eingeweiht. Neue Bauwerke wie das Museums- und Verwaltungszentrum »Kristallen« und das eisgraue Hotel Scandic Kiruna markieren die Zäsur mit zeitgemäßer Architektur. Viele Gebäude werden aber am alten Standort abgetragen und woanders wieder aufgebaut.

TIPP

EISKUNST IN JUKKASJÄRVI
Östlich von Kiruna liegt der Ort Jukkasjärvi mit dem weltberühmten »Icehotel«. Jeden Herbst wird eine Tonne Eis aus dem Fluss Torneälven gehievt, woraus Künstler spektakuläre Suiten gestalten. Im Frühling schmilzt die Pracht wieder. Ein Teil des Hotels besteht mittlerweile ganzjährig, dank Kühlung mit Solarenergie. Tagsüber kann jeder die Suiten besichtigen. www.icehotel.com

NATIONALPARK ABISKO

IM REICH DER NORDLICHTER

Mit seiner faszinierenden Landschaft, vielen Wanderwegen und praktischen Wanderhütten ist Abisko ein beliebter Nationalpark. Außerdem stehen die Chancen auf Polarlichtsichtungen gut.

Schon die Anfahrt ist ein Genuss: Von Kiruna kommend, folgt die Straße E10 ab der Ortschaft Torneträsk dem gleichnamigen See, einem 70 Kilometer langen Gewässer mit Bergen auf der gegenüberliegenden Seite. Immer wieder möchte man anhalten, um eine idyllische Bucht oder den ikonischen Blick auf das Trogtal Tjuonavagge oder »Lappenpforte« festzuhalten.

In Abisko beginnt bzw. endet der Kungsleden, der »König der Wanderwege«. Etwa 14 Kilometer misst die Etappe vom informativen Besucherzentrum Naturum Abisko bis zum Bergsee Abiskojaure, an dessen Südufer man in der Wanderhütte STF Abiskojaure Fjällstuga übernachten kann. Unterwegs führen einige Hängebrücken über den rauschenden Fluss Abiskojåkka. Wenn es nur eine Halbtagestour sein soll, geht man davon das erste Drittel bis zur Hängebrücke von Nissonjohka.

Ein Tipp ist der anbrechende Herbst: Wer den Nationalpark in der ersten Septemberhälfte besucht, wird von der Laubfärbung überwältigt sein, so heftig »brennen« die Fjällbirken. Dann haben sich auch die Mücken verzogen, der erste Schnee kommt aber noch nicht. In dieser Zeit sind die Tage und Nächte fast gleich lang. So ist es schon lange genug dunkel, um das Nordlicht sehen zu können, und noch lange genug hell, um tagsüber ausgiebig zu wandern und die vom lichtintensiven Sommer gereiften Beeren und Pilze zu pflücken.

TIPP

DIE »AURORA BOREALIS« SEHEN

Es ist wissenschaftlich nachgewiesen, dass Abisko die weltweit höchsten Chancen für Polarlichtsichtungen bietet. Das liegt an mehreren Faktoren: meistens klarer Himmel, keine Lichtverschmutzung und natürlich die nördliche Lage. Die Wartezeit versüßt eine Fahrt zur Aurora Sky Station am Berg Nuolja, eine geführte Wanderung oder eine Hundeschlittenfahrt. Als Basis eignet sich die STF Abisko Turiststation. www.swedishtouristassociation.com/facilities/stf-abisko-mountain-station

↖ Nordlichtjäger aus aller Welt kommen wegen der guten Chancen auf Sichtungen nach Abisko.

→ Auch tagsüber fasziniert der Nationalpark mit seinen vielen Farben – vor allem im Herbst mit der Laubfärbung ab Mitte September.

6

MARITIMES SEHNSUCHTSZIEL

Die Inselgruppe Lofoten in Nordnorwegen ist mit ihrer kargen Landschaft und den hohen Bergen eine Legende unter Naturfreunden. Die kurvenreichen Panoramastraße zwingt Autos zum Langsamfahren – und das ist auch gut so.

Wir starten unsere Erkundungstour der Lofoten – aus Nordschweden kommend – in **1 Narvik**. Die Fahrtrichtung folgt übrigens jener des Eisenerzes, das seit über hundert Jahren von der Mine in Kiruna per Zug zum Verschiffen nach Narvik gebracht wird. Die Hafenstadt ist nicht viel älter als diese Route, weswegen sie ohne Altstadt auskommen muss. Überhaupt präsentiert sie sich recht pragmatisch, und die wenigen Sehenswürdigkeiten, die es gibt, kreisen um das Thema Zweiter Weltkrieg. Trotzdem lohnt sich der Stopp, um sich mit dem einen oder anderen Fischgericht auf die kommenden Lofoten einzustimmen und noch einmal alle Annehmlichkeiten einer (für norwegische Verhältnisse) größeren Stadt zu nutzen. Mit etwa 14 000 Einwohnern ist Narvik immerhin etwa dreimal so groß wie Svolvær, die bevölkerungsreichste Ortschaft des Archipels.

Nach dem Überqueren der Hålogaland-Brücke stoßen wir auf die Autobahn E10, und dann heißt es erst einmal fahren: Etwa 180 Kilometer sind es von Narvik nach Raftsundet, also an den eigentlichen Anfang der Lofoten. Dort beginnt die mit braunen Schildern markierte Lofoten-Panoramastraße (Nasjonal turistveg Lofoten) mit einer Gesamtlänge von 230 Kilometern.

INFO

Start: Narvik
Ziel: Å i Lofoten (dann Fähre von Moskenes nach Bodø)
Länge: ca. 370 Kilometer (ohne Fähre)
Dauer: 4 Tage
Beste Reisezeit: Mai – Mitte August

Das tägliche Leben auf den Lofoten bewegt sich zwischen Fischfang und Fjordromantik.

0 10 km
N
Vesterålen
Lofoten
Andfjorden
Andenes
Bleik
Stave
509
Kvalnes
Nordmela
Andøy
Myre
Børvagen
Å
Åse
Risøyhamn
Dragnes
Kinn
Fornes
Finnseter
890
Nyksund
Stø
Skogsøya
Myre
Øksnes
Hjellsand
Smines
Ålsvåg
760
Holm
Sørmela
Gisløya
Gavlfjorden
Hovden
Utskor
Sandset
Langøya
Malnes
Guvåg
Strønstad
Steine
Eidsfjorden
Eidsfjord
Sortland
Vik
Bø
Strand
Røksøy
Maurnes
Rokenes
Sandvik
Holand
Godfjorden
Vesterålsfjorden
Hadseløya
Stokmarknes
Hadsel
Skagen
Melbu
E10
Djupfjord
Langvassbukt
Møysalen nasjonalpark
Gullholmen
Sortlandsundet
Hinnøya
Kaljord
1266
Helgenes
Hanøy
Raftsundet bru
Hadselfjorden
Hadselsand
Austvågøy
Laukvika
Fiskebøl
Kongselva
Raften
Øksneshamn
Øksfjorden
Gullesfjordbotn
Fiskøy
1061
Kanstad
Lødingen
Tjeldsundet
Kongsvika
Gausvik
Tjeldøya
Kjerstad
Russhaugen
Ramnes
Evenes
Harstad
Straumen
Kilbotn
Borkenes
Kasfjord
Stornes
Bremnes
Elgsnes
Grøtavær
Grytøya
Toppsundet
Bjarkøya
Sandsøy
Fenes
Revsnes
Gullesfjorden
Bøvær
Berg
Hamn
Bergsfjorden
976
Straumsnes
Straumsbotn
Gryllefjord
Grunnfarnes
Kaldfarnes
Sifjorden
Ånderdalen nasjonalpark
Svanelvmoen
Kampevoll
Flakkstadvåg
Selfjorden
Gamalseter
Ketsnes
Rødsand
Stonglandseidet
Skrolsvika
Tranøyfjorden
Dyrøya
Dyrøy
Dyrøysundet
Hofsøy
Stangnes
Vinje
Løksa
Årbostad
Andørja
Vågsfjorden
Bygden
Salangen
Fugleberg
Rolla
Ibestad
Sørvik
Reite
Astafjorden
Myrlandshaug
Sørrollnes
Forneset
Astafjord
Tovik
Skittendalstinden
1306
Skoddebergvatnet
Laberg
1270
Bogen
Bjerkvik
Østervika
E6
Hålogalandsbrua
Linken Restaurant & Bar
Scandic Narvik
Narvik
1
Ofotfjorden
Skjomnes
Sjursheim
Kjeldebotn
Skardstad
Baltsnes
Valle
Barøya
Rinøya
Offersøya
Vestvågøy
Eggum
Kvalnes
Unnstad
Vikingerhof
Borge
Alstad
Gimsøy
Brenna
Sundklakk
Steinfjorden
Lofotr Viking Museum
5
Liland
Utakleiv
Valberg
Svolværgeita
Silpollen
1062
Digermulen
Øyhelle
Holand
Årstein
St. Molla
Vågan kirke
Anker Brygge
Børsen Spiseri
Svolvær
2
Kabelvåg
3
North Norwegian Artist Center
Lofoten Sommerhotell & Vandrerhjem
Restaurant Lofotmat
Klatrekaféen
Trevarefabrikken
Henningsvær
4
Henningsvær Bryggehotell
Myrland
Flakstad
Leknes
Stamsund
Ure
Ballstad
Ramberg Gjestegård AS
Fredvang
Ramberg
Nusfjord
911
Moskenes
Reine
Reinebringen
Catogården
Lofotodden National Park
6
Sørvågen
Å
Maren Anna
7
Åmstand
Helle
Moskenstraumen
Mosken
Nordland
Røssnevågen
Tysnes
Bognes
Skarberget
Sætran
Forså
Børsvatnet
Eiterelvmoen
Melkedalen
Frostisen
1744
Skjomen
Sørskjomen
Bokholm
Haukøya
Stefjordøn
Kaldvika
Tysfjorden
Tranøya
Buvåg
Hamsund
Ulsvåg
Hamarøya
Hammarøy
Finnøya
Drag
Hundholmen
Kjøpsvik
Hulløya
1113
Tørrnes
Geitvatnet
Langvatnet
Sørfjorden
Gåbdojávri
Sitasjaure
1312
Bjørntoppen
Kjerr
Mannfjorden
Skutvika
Klingenberg
Helland
Finnøya
Lundøya
Sagfjorden
Mjelde
Engeløya
Steigen
Alstad
1227
Inuhavet
Råna
Hellemofjorden
Sårkajaure
Upmasjaure
Alitáive
1584
Kåtsat
Tømmerneset
Straumfjorden
Bogøy
Kvalnes
Nordskot
Fjelltun
Seukojaure
Hopen
Hellemobotn
1061
Kråkmo
Alvnes
Myklebostad
Nordfold
Mørsvikfjorden
Botnen
E6
Rautáive
1578
Ritsem
Leiranger
1213
Mørsvik
Reinoksvatnet
Kalpejaure
Vaisaluokta-stugan
Akkajaure
Flekkas
Slåttvik
Sandbakk
Storeidet
Slappejaure
Nordfolda
Laukvika
Gaskacokka
1512
Akkastugorna
Folda
Hjartøya
Eidet
Rørstad
Bonåsjøen
Elvekroken
Sallohaure
Akka
2016
Kisurisstugan
Tårnvika
Styrkesnes
Langvatnet
Kjerringøy
Øyjord
Sørfolda
930
925
Vuojatätno
Vastenjaure
Vastenjaure
Sjunkhatten
1135
Sjunkhatten nasjonalpark
Misten
Sørfold
Gyltvika
Rago nasjonalpark
Låddejåkkåstugan
Helligvær
Kvalvika
Sørvær
Landegode
Selnes
Festvåg
1156
Landegodefjorden
Jordbru
Djupvika
Nordvika
Straumen
Padjelanta
Virihaure
Arasluokta
Alkastugan
1804
Bodø

Svolvær ist die größte Ortschaft im Archipel – und eine der reizvollsten.

Wer nun aufgrund der Kilometerangabe und des Begriffs Autobahn darauf schließt, dass man in zweieinhalb Stunden zum Endpunkt Å i Lofoten rauschen kann, der irrt. Die E10 entpuppt sich auf dieser Strecke nämlich als zweistreifige Straße, die eher selten von flotten E-Autos, dafür umso mehr von Wohnmobilen und Lastfahrzeugen genutzt wird. Angesichts der vielen Kurven ist Überholen nur selten möglich. Da bleibt nur eines übrig: runter vom Gas und sich entspannt durch die Landschaft treiben lassen.

Inselhüpfen vom Feinsten

Nach einer weiteren Stunde durch die fotogene Landschaft – zum Glück gibt es am Straßenrand Plätze zum Anhalten – erreichen wir die erste und gleichzeitig größte Ortschaft der Lofoten: **2 Svolvær**. Wie auch das Nachbardorf **3 Kabelvåg** liegt sie an der Ostseite der Insel Austvågøya. Das ist kein Zufall: Dort sind Wind und Seegang weniger stark als am exponierten Westufer; die bis zu 1200 Meter hohen Berge schützen vor den Wettereinflüssen. Um das beschauliche **4 Henningsvær** zu erreichen, erlauben wir uns einen sieben Kilometer weiten Abstecher von der Hauptroute. Der Besuch lohnt sich nicht nur wegen der Kulturadressen, sondern auch wegen der guten Restaurants.

Anschließend bringt uns die E10 zum Wikingermuseum **5 Lofotr**, das die halbe Strecke der Lofoten-Panoramastraße markiert. Spätestens dort wollen wir wissen, was denn »Lofoten« eigentlich bedeutet. Der Name lässt sich mit »die Luchspfote« (also eigentlich im Singular) übersetzen und geht auf die Form der Inselgruppe zurück, die wie eine Tatze ins Nordmeer greift.

Naturerlebnisse auf der letzten Meile

Dem Bild der tierischen Anatomie folgend, machen wir uns auf den Weg unter die Kralle: An der dem Meer zugewandten Westseite zieht sich der Nationalpark **6 Lofotodden** entlang. Und am allerletzten Zipfel, wo die Straße endet, liegt das Dorf **7 Å i Lofoten**, das noch einmal eine geballte Ladung Wissen über den lokalen Fischfang bereithält. Wer nicht auf derselben Route zurückzuckeln möchte, kann in Moskenes die Fähre nach Bodø nehmen.

GASTSTÄTTEN & UNTERKÜNFTE

EINKEHREN

BØRSEN SPISERI (SVOLVÆR)
In einer ehemaligen Werft von 1828 liegt heute das renommierte Restaurant, das sich Stockfisch auf die Fahne geschrieben hat. Die überschaubare Speisekarte beschränkt sich auf Klassiker mit Fisch und Fleisch sowie eine vegetarische Option, und auch die Desserts haben eine lokale Note.
www.svinoya.no/restaurant

LOFOTMAT (HENNINGSVÆR)
Die charismatische Küchenchefin Siv Hilde Lillehaug tischt gehobene Küche aus lokalen Zutaten auf. Ihre Spezialität ist weiterverarbeiteter Stockfisch namens Lutefisk mit Erbsenpüree und Senfsauce. »Und als Norweger essen wir zu allem Kartoffeln«, sagt sie schmunzelnd.
www.lofotmat.no

TREVAREFABRIKKEN (HENNINGSVÆR)
Ein ehemaliges Industriegebäude aus den 1940er-Jahren, das einst als Zimmerei und später als Lebertranfabrik diente, beherbergt seit ein paar Jahren diesen hippen Treffpunkt mit Café, Pizzeria und Bar sowie Hotelzimmern. Die Mischung aus rustikalem Stil und Meerblick ist einmalig, und im Sommer kommt richtig Urlaubsstimmung auf.
www.trevarefabrikken.no

RAMBERG GJESTEGÅRD (RAMBERG)
Im Westen der Lofoten, mit herrlichem Blick auf das Meer und einen kilometerlangen weißen Sandstrand, befindet sich die kleine Ferienanlage Ramberg Gjestegård mit Hütten, Campingplatz und Restaurant. Dort verarbeiten die Köche regionale Zutaten.
www.ramberg-gjestegard.no

MAREN ANNA (SØRVÅGEN, KURZ VOR Å)
Am Ende der Lofoten-Panoramastraße wartet das erstklassige Fischrestaurant auf die ausdauernden Fahrer. Dort kann man sich den berühmten Stockfisch auf der Zunge zergehen lassen und andere maritime Spezialitäten probieren. Das Lokal ist in einer ehemaligen Tran- und Konservenfabrik direkt am Hafen untergebracht.
www.marenanna.com

RALLAR'N PUB & KRO (NARVIK)
Das urige Gasthaus ist nach den Schienenarbeitern benannt, die die Verbindung zwischen Kiruna und Narvik angelegt haben. Und sein Signature-Gericht ist »Boknafisk«: halb getrockneter Kabeljau.
www.facebook.com/RallarnPubOgKro

ÜBERNACHTEN

SCANDIC NARVIK (NARVIK)
Narviks Platzhirsch in Sachen Hotellerie nutzt eines der höchsten Gebäude von Norwegen und besticht mit modernen Zimmern. Alternative: Das Quality Hotel Grand Royal ist günstiger, allerdings etwas altmodischer.
www.scandichotels.de

ANKER BRYGGE (SVOLVÆR)
Lofoten-Charme vom Feinsten: Hier bezieht man kein klassisches Hotelzimmer, sondern eine für die Region typische »Rorbuae« mit hohem Standard, also ein rotes Ferienhäuschen am Wasser.
www.anker-brygge.no

LOFOTEN SOMMERHOTELL & VANDRERHJEM (KABELVÅG)
Günstig übernachtet man in diesem Internat, das im Sommer (Anfang Juni bis Mitte August) in eine Herberge umfunktioniert wird. Einfach, aber sauber und mit gutem Frühstück.
www.lofotensommerhotell.no

HENNINGSVÆR BRYGGEHOTELL (HENNINGSVÆR)
In diesem Hotel am Hafen richten sich die Preise vor allem nach der Aussicht aus dem jeweiligen Zimmer. Die Einrichtung ist aber in allen gleich stilvoll: nordisch mit beruhigenden Farben.
www.classicnorway.no/hotell/henningsvar-bryggehotell

CATOGÅRDEN (REINE)
Gemütliche Pension mit persönlicher Note: An den zehn Zimmern stehen statt Nummern die Namen der jeweiligen Gäste. Es werden auch Unternehmungen wie Paddeln, Wandern, Angeln und Yoga angeboten.
www.catogarden.no

Das Hotel Scandic prägt die Silhouette von Narvik. Oben befindet sich eine Panoramabar.

DIE UNVERZICHTBARE HAFENSTADT

Die Stadt Narvik am Ofotfjord existiert eigentlich nur deshalb, weil von dort aus Eisenerz aus Kiruna verschifft werden kann. In ihrer relativ kurzen Geschichte hat sie trotzdem schon viel erlebt und eignet sich als Zwischenstopp vor der Weiterreise auf die Lofoten.

Narvik wurde erst 1902 als Marktgemeinde gegründet, und zwar am westlichen Ende der Ofoten-Bahnlinie, die im selben Jahr ihre Jungfernfahrt erlebte. Sie verbindet den Hafen, der dank Golfstrom ganzjährig eisfrei ist, mit der Eisenerzmine im nordschwedischen Kiruna. Der Einweihung waren 20 bewegte Jahre mit britischen Investitionen, dem Konkurs der schwedisch-norwegischen Eisenbahngesellschaft und vor allem harter Arbeit der Gleisarbeiter namens »Rallare« vorausgegangen. Dieselben Gleise nutzt heute auch der Arctic Train, mit dem Urlauber gerne fahren und entzückt durch die wilde Landschaft um den Nationalpark Abisko rauschen. Und so sieht man unterwegs noch immer die langen Züge mit offenen schwarzen Anhängern.

1

Doch natürlich ist der Hafen auch ein wichtiger Ausgangspunkt für die lokalen Fischer. Welche Schätze aus den nahen Gewässern gezogen werden, erfährt man im Fischmarkt – Fiskehallen –, der in der zentral gelegenen Markthalle (Torghallen) untergebracht ist. Gleich daneben verarbeiten die Köche des Restaurants Fiskekroken den Fang des Tages zu leckeren Gerichten, allen voran die traditionellen Fischfrikadellen »Fiskekaker«.

Erinnerungen an die Schlacht um Narvik

Im Zweiten Weltkrieg machte das hochwertige Eisenerz aus Schweden Narvik zu einem wichtigen strategischen Ziel für die kriegführenden Länder. Am 9. April 1940 war die Stadt eines der Ziele des »Unternehmens Weserübung« der deutschen Wehrmacht zur Besetzung von Norwegen und Dänemark. Dabei wurde Narvik von zehn deutschen Kriegsschiffen mit 2000 österreichischen Gebirgsjägern an Bord überfallen. Nach dem Versenken von zwei norwegischen Panzerschiffen am Hafen wurde die Stadt ohne Widerstand der norwegischen Streitkräfte besetzt. Damit war ihr Schicksal jedoch noch nicht gleich besiegelt: Britische Seestreitkräfte eroberten Narvik vorübergehend zurück, indem sie in zwei Seeschlachten die gesamte deutsche Invasionsflotte ausschalteten. So wurde der Hafen von Narvik zum größten Schiffsfriedhof des Landes.
Doch weil die Alliierten ihre Kräfte bald an einer anderen Front brauchten, zogen sie sich aus Nordnorwegen zurück. Nach 62 Tagen erbitterter Kämpfe kapitulierte Norwegen und erlebte anschließend fünf Jahre unter deutscher Besatzung. Deswegen findet man auch rund um Narvik und auf dem Weg von der schwedischen Grenze viele Denkmäler und Erinnerungsorte, die mit der Schlacht um Narvik zusammenhängen.
Dieser Zeit widmet sich das Kriegsmuseum von Narvik. Eine modern gestaltete, lehrreiche Ausstellung mit vielen Uniformen, Schiffsmodellen, Geschützen, Karten und Artefakten erzählt die entscheidenden Tage und Wochen in der norwegischen Geschichte nach. »Krieg braucht Stahl«: So nüchtern und kompakt wird der Grund für die Einnahme Narviks zusammengefasst.
Nach dem Krieg wurde die Stadt wieder aufgebaut und profitierte vom internationalen Aufschwung des Bergbauunternehmens LKAB und den damit verbundenen Steuereinnahmen. In den 1950er-Jahren war Narvik einige Jahre lang die größte Stadt in Nordnorwegen. Mittlerweile liegt sie mit etwa 14 000 Einwohnern hinter Bodø, Tromsø und vier weiteren Städten auf Platz sechs.

↑ Das Kriegsmuseum von Narvik erinnert an Norwegen unter deutscher Besatzung.
← In etwas mehr als einem Jahrhundert hat sich Narvik vom Eisenerzhafen zu einer der größten Städte im Landesteil Nordnorwegen entwickelt.

TIPP

PANORAMABLICK AUS LUFTIGER HÖHE
Im Zentrum von Narvik bieten gleich zwei Gaststätten Kulinarik und Drinks in atemberaubender Höhe: die Tøtta Bar in der 16. Etage des Hotels Scandic Narvik sowie Linken Restaurant & Bar im Hotel Grand Royal. Letztere Adresse serviert gehobene arktische Küche und hat außerdem eine Dachterrasse.
www.scandichotels.de und
www.nordicchoicehotels.com

2

Svolvær zeigt sich
als zerklüfteter Ort.

SVOLVÆR

DIE HAUPTSTADT DER LOFOTEN

Am Fuße des Berges Svolværgeita liegt Svolvær, mit knapp 5000 Einwohnern die größte Stadt der Lofoten. Die Lage auf der Insel Austvågøy und die Anbindung an andere Orte und Sehenswürdigkeiten im Archipel machen sie zum idealen ersten Stopp für Besucher.

Der wichtigste Wirtschaftszweig in Svolvær ist der Fischfang, insbesondere der Skreifang. Von Januar bis April verlässt dieser norwegische Winterkabeljau seine Heimat in der eisigen arktischen Barentsee und wandert zum Laichen in die vom Golfstrom aufgewärmten Gewässer um die Lofoten (s. Special Seite 106).

Wenn die Tage länger werden, trudeln die ersten Urlauber ein. Von Svolvær aus kann man nämlich viele Ausflüge unternehmen. Am Hauptplatz (Torget) befindet sich die Touristeninformation, und drum herum haben Anbieter diverser Boots- und Wandertouren ihre Stände. Der Klassiker ist die Bootsfahrt auf den schmalen Trollfjord, bei der man auch Seeadler sehen kann.

Doch auch viele Künstler finden ihren Weg nach Svolvær und in die Umgebung, weswegen dort 1979 das nordnorwegische Künstlerzentrum (NNKS) gegründet wurde. Wechselnde Ausstellungen zeigen Werke aktueller Maler, Bildhauer, Fotografen und Kunsthandwerker. Von Svolvær aus werden Galerien, Ausstellungen, Förderprogramme und Bildungsinitiativen an vielerlei Orten organisiert.

TIPP

DIE SVOLVÆRGEITA BESTEIGEN

Das Wahrzeichen von Svolvær ist die Felsformation namens »Geiß«, benannt nach ihren zwei an Hörner erinnernden Spitzen. Das erste Mal wurde sie 1910 erklommen. Mittlerweile trauen sich recht viele Besucher den Aufstieg auf den 150 Meter hohen Gipfel unter professioneller Anleitung zu.
www.alpineguides.no

3

Die ansehnliche Vågan-Kirche

KABELVÅG

WO ALLES BEGANN

Das heutige 2000-Seelen-Dorf Kabelvåg geht auf die Siedlung Vågar zurück, die bereits im Mittelalter existierte und damals die erste Stadt nördlich des Polarkreises war. Im 19. Jahrhundert war dieses erste Fischerdorf – mit knapp 5000 Einwohnern – auch das größte auf den Lofoten.

In Kabelvåg nahm die Fischerei auf den Lofoten vor über tausend Jahren erstmals kommerzielle Züge an: Fischer aus ganz Nordnorwegen kamen in die namensgebenden Buchten (»våger«), um sich ihren Anteil am jährlichen Skreiertrag zu sichern. Im 14. Jahrhundert machte Stockfisch vier Fünftel von Norwegens Exportprodukten aus.
Das Lofotenaquarium in Kabelvåg stellt Fische und andere Meeresbewohner aus den Gewässern rund um den Archipel vor. Dem Skrei ist ein eigenes Becken gewidmet. Der tägliche Höhepunkt für Familien mit Kindern ist die Fütterung von Ottern und Robben. Das Meeresmuseum gehört zum Netzwerk »Museum Nord« mit insgesamt 21 Museen und Galerien auf den Inselgruppen Lofoten, Vesterålen und Ofoten.
Allein in Kabelvåg befinden sich zwei weitere Adressen aus diesem Bund. Die Galerie Espolin zeigt Hauptwerke des norwegischen Malers Kaare Espolin Johnson (1907–1994). Und das Lofotenmuseum besteht aus mehreren historischen Gebäuden mit eleganten Wohnräumen von Kaufleuten, bescheidenen Unterkünften von Fischern, Booten und vielem mehr. Es gibt vergünstigte Kombitickets für alle drei Attraktionen.

TIPP

VÅGAN KIRKE

An die Blütezeit Kabelvågs erinnert die 1898 fertiggestellte, stattliche Vågan-Kirche im neugotischen Stil, auf die wahrscheinlich der erste Teil des heutigen Ortsnamens zurückgeht – »kabel« als Variante von »Kapelle«. Sie ist die größte Holzkirche nördlich von Trondheim und bietet auf ihren Bänken etwa 1200 Personen Platz.

VON SKREI UND RORBUER

Der jährliche Skreifang ist ein typisches Phänomen der Lofoten: Früher kamen um die 30 000 Fischer auf die Inseln, wenn die arktischen Kabeljaue zum Laichen in die Gewässer rund um die Inselgruppe wanderten. Ihre saisonal genutzten Hütten – die »rorbuer« – prägen bis heute die Landschaft.

Der Skrei ist ein besonderer Kabeljau: Im Gegensatz zu den durchschnittlichen Fischen aus dem Nordatlantik und den kleinen Exemplaren aus der Ostsee, bei denen man von Dorsch spricht, lebt er in der eisigen Barentssee. Im Alter von etwa fünf bis sieben Jahren wandern die geschlechtsreifen Tiere zum Laichen in die Gewässer an der nordnorwegischen Küste, die der Golfstrom auf kuschelige sieben Grad aufwärmt.

Diese Reise unternehmen sie jeweils zwischen Januar und April. Die größten Skreis tummeln sich in den Fluten rund um die Lofoten und die benachbarte Inselgruppe Vesterålen. Sie wiegen bis zu 55 Kilo und werden knapp zwei Meter lang. Am meisten Fett haben sie noch, wenn sie bei Å i Lofoten ankommen, auf dem asketischen Weg gen Osten verlieren sie es.

Seit Jahrhunderten prägen diese ertragreichen Monate den Lebensrhythmus der sogenannten Lofotfischer. Es gab Zeiten, da waren rund um den Archipel bis zu 30 000 Fischer auf 6000 Booten unterwegs. Sie lebten nicht durchgehend dort, sondern nur zur Hauptsaison. Dann waren sie in einfachen Behausungen namens »rorbuer« untergebracht. Bei diesen »Ruderhütten« handelt es sich um Holzhäuschen, die

← Nach der Ölgewinnung ist Fischfang noch immer Norwegens zweitgrößter Wirtschaftszweig.
↙ Die Berufsfischer auf den Lofoten haben es vor allem auf Kabeljau abgesehen.
↓ Dieser wird vielseitig zubereitet. Die traditionelle Konservierungsmethode ist das Trocknen.

meistens mit roter Tranfarbe angestrichen wurden, um das Holz vor Witterungseinflüssen zu schützen.
Und was machte man mit dem großen Fang, als es noch keine Kühlschränke und Gefriertruhen gab? Zum Haltbarmachen wurden die Fische getrocknet: entweder im Ganzen an riesigen Holzgestellen (Stockfisch) oder halbiert auf Felsen (Klippfisch). So konnte Skrei schon im Mittelalter bis nach Südeuropa exportiert werden, was ihn zu Norwegens ältestem Exportprodukt macht. Die Zubereitungsart hält sich bis heute. »Stockfisch von den Lofoten« (Tørrfisk fra Lofoten) steht seit 2014 im europäischen Register der geschützten Ursprungsbezeichnungen und der geschützten geografischen Angaben.

Fischfang und Genuss heute

Seit dem Zweiten Weltkrieg hat sich durch den technologischen Fortschritt auch im Fischfang vieles geändert. Immerhin gibt es noch etwa 2000 Berufsfischer auf den Lofoten, die mit ihrer modernen Flotte das ganze Jahr über unterwegs seinen können. Dennoch sind die Fangboote relativ klein. Damit ein Kabeljau »Skrei« genannt werden darf, muss er unter bestimmten Auflagen gefangen worden sein: nicht mit Netzen, sondern nur nachhaltig mit Leine oder Angel. Die Vorschriften des Norwegian Seafood Council, kurz NSC, regulieren auch das Vorgehen und Tempo bei der Verarbeitung der Fische.
Zertifizierter Skrei ist eine Delikatesse, denn die lange Reise der Fische lässt das Fleisch besonders fest werden. Im Vergleich dazu ist herkömmlicher Kabeljau ein Faulpelz: Er verweilt an einem Ort. Längst nehmen auch mitteleuropäische Restaurants den feinen Kabeljau aus Norwegen auf ihre Winterspeisekarten auf. Das milde Filet ist so zart, dass es unter der Gabel zerfällt. Aber auch die Zunge ist gebraten eine knusprige Delikatesse.
Und auch die Rorbuer sind wieder angesagt. Nachdem in den vom Fortschritt geprägten Fünfzigern des vergangenen Jahrhunderts viele der urigen Hütten abgerissen wurden, erlebten sie schon im nächsten Jahrzehnt eine Renaissance: Gut erhaltene Fischerhäuschen am Wasser wurden restauriert und zu rustikalen Unterkünften für Touristen umfunktioniert. Stellenweise werden sogar neue gebaut. Sowohl in den Städten als auch in Gebieten abseits der offiziellen Panoramastraße können die charmanten Ferienhäuschen gebucht werden.
www.torrfiskfralofoten.no

Henningsvær ist das kreative Zentrum der Lofoten.

4

HENNINGSVÆR

KUNST UND KULINARIK MIT MEERBLICK

Das Dorf Henningsvær zählt zwar nur ein paar Hundert Einwohner, aber Genuss wird dort überraschend großgeschrieben. Mehrere Galerien und erstklassige Restaurants lohnen den etwa zehn Kilometer weiten Abstecher von der E10.

Ganz im Süden von Austvågøya, der größten und östlichsten Insel der Lofotenkette, liegt Henningsvær, eine der ältesten Fischersiedlungen im Archipel. Zur Blütezeit gab es dort ganze 60 Fischannahmestellen, von denen heute nur noch zwei, drei übrig sind. Seitdem die Inseln Heimøya und Hellandsøya, auf die sich der Ortskern verteilt, 1983 mit einer Brücke an den Rest der Lofoten angeschlossen wurden, leben immer mehr Menschen vom Tourismus. Auffällig ist die Anzahl an Sehenswürdigkeiten für Kunstinteressierte. Sobald man in Heimøya den ersten Parkplatz anfährt, bietet sich ein Besuch in der Galerie Lofotens Hus an. Sie verfügt über die landesweit größte Sammlung an Bildern nordnorwegischer Maler der Jahrhundertwende, des goldenen Zeitalters der norwegischen Malkunst mit poetischen Abbildungen von Fischerdörfern, Schiffen und Fjorden. Schlappe 400 Meter weiter zeigt die Kaviar Factory Werke zeitgenössischer Künstler in den Räumen einer ehemaligen Kaviarfabrik. Und das Geschäft Engelskmannsbrygga – Projekt dreier Kunsthandwerkerinnen und eines Fotografen – führt entzückende Andenken aus Glas, Keramik und Papier.

TIPP

KLATREKAFÉEN

Das gesellige »Klettercafé« vereint zwei große Stärken von Henningsvær: Kreativität und Gastfreundschaft. Dort kommen Naturburschen, Fischer, Wohnwagentouristen und Künstler in ungezwungener Atmosphäre zusammen. Im Sommer schmecken Garnelen und Wein draußen am Wasser; im Winter prasselt drinnen im Ofen ein Feuer, während die knusprigen Pommes Energie liefern.
www.klatrekafeen.com

5

Das Wikingermuseum mit dem markanten Langhaus

LOFOTR VIKINGMUSEUM

WIKINGERMUSEUM FÜR ALLE SINNE

Das Wikingermuseum im Dorf Borg bei Bøstad lässt seine Besucher über tausend Jahre in die Vergangenheit zurückreisen. Häuser, Schiffe, Handwerker und Ausstellungen zeigen, wie die frühen Bewohner Nordnorwegens gelebt haben.

Das Herzstück des Wikingermuseums Lofotr ist das im Originalmaßstab nachgebaute Langhaus: ein 83 Meter langer und neun Meter breiter Bau an der Stelle, wo Archäologen 1983 die Reste gefunden hatten. Diese »Mehrzweckhalle« mit Wohn- und Stallbereich wurde wahrscheinlich bereits um das Jahr 500 errichtet, später erweitert und zwischen 950 und 1000 verlassen.

Im Inneren brennt meist ein Feuer, und der Rauch entweicht nur langsam durch die Öffnung im neun Meter hohen Dach. Über der Flamme blubbert im Sommer ein herzhafter Lammeintopf, den neugierige Gäste gegen Aufpreis kosten können (15. Juni–15. August, 12–16 Uhr). Außerdem können sie sich zu einem abendlichen Wikingerfestmahl mit Met, Musik und vorgetragenen Geschichten anmelden.

An den Empfangsbereich schließt die Dauerausstellung an. Dort geht es im ersten Raum um die Ausgrabungsarbeiten in den 1980er-Jahren, während im zweiten ein dramatisierter Film über die Wikingerzeit in Borg gezeigt wird. Den Abschluss bildet die Präsentation ausgewählter Funde. Unter anderem deuten Goldamulette, Perlen und Trinkgefäße auf die Anwesenheit eines wohlhabenden, einflussreichen Häuptlings hin. Im Freien sind Rekonstruktionen einer historischen Schmiede und zweier Wikingerschiffe zu sehen.

TIPP

EINMAL WIKINGER SEIN

Im Sommer können sich Besucher an allerlei Beschäftigungen versuchen: ein Wikingerschiff steuern, mit Pfeil und Bogen schießen, Äxte werfen oder in der Schmiede mithelfen. Auf Kinder warten außerdem zahme Tiere sowie Pferde zum Reiten. www.lofotr.no

6

Die Erkundung des Nationalparks beginnt in Reine.

NATIONALPARK LOFOTODDEN

DIE RAUE AUSSENSEITE DES ARCHIPELS

An der Südspitze der Lofoten liegt ein Stück besonders wilde Natur: der 2019 eingeweihte Nationalpark Lofotodden. Er zieht sich an der größtenteils unbewohnten Westseite der Insel Moskenesøy entlang.

Mit 99 Quadratmetern Fläche zählt das Naturgebiet zu den Winzlingen unter Norwegens rund 50 Nationalparks. Etwa ein Achtel ist von Wasser bedeckt. Auf Norwegisch spricht man von »yttersia«, der Außenseite der Lofoten mit rauen Ecken, die nur per Boot erreichbar sind. Einen ersten Überblick über das Gebiet kann man sich im Besucherzentrum verschaffen, das in der nächsten größeren Ortschaft Reine liegt. Seit der Eröffnung 2021 informiert es in einer sachlichen Ausstellung über die lokale Geologie und das Ökosystem. Ein Relief zum Anfassen zeigt, wie zerfurcht die Landschaft am äußersten Rand der Lofoten ist.

Der Nationalpark Lofotodden ist ein bedeutendes Nistgebiet für Seevögel wie Kormorane, Dreizehenmöwen, Schmarotzerraubmöwen und Gryllteisten. Auch Greifvögel wie Steinadler, Seeadler und einige Falkenarten brüten dort. Entlang der Strände kommen naturnahe Grünflächen und Dünensysteme mit einer besonderen Botanik vor.

Zudem hat man im Gebiet des Nationalparks einige Anhaltspunkte für sehr frühe Bewohner gefunden: Die Landschaft zeigt Anzeichen menschlicher Aktivität über einen Zeitraum von 6000 Jahren, darunter Hinweise auf steinzeitliche Besiedlung. Von hoher kulturhistorischer Bedeutung ist die Höhle Kollhellaren mit 3000 Jahre alten Höhlenmalereien.

TIPP

DEN REINEBRINGEN BESTEIGEN

Mit 448 Metern ist der Hausberg von Reine zwar nicht unter den höchsten Gipfeln der Lofoten, verspricht aber eine der begehrtesten Aussichten. Die 2021 von nepalesischen Sherpas angelegte Treppe ermöglicht einen sicheren Aufstieg über etwa 1670 Stufen.
www.lofoten.info/en/moskenes/reinebringen-hike

7

Das Stockfischmuseum ehrt die Spezialität der Lofoten.

Å I LOFOTEN

AM Å DER WELT

Die Landschaftsroute Lofoten, die der Straße E10 folgt, endet in Å. Passender könnte der Name des abgelegenen Fischerdorfes nicht gewählt sein, denn »Å« bedeutet »Fluss« und ist gleichzeitig der letzte Buchstabe im norwegischen Alphabet.

Auf den Lofoten ist man gerne mal am Ende: im Fischerdorf Å mit rund hundert Einwohnern. Pittoresker könnte der Abschluss der Panoramaroute nicht sein. Am Hafen liegen die Fischerboote dicht an dicht, und hier und da sind Fische zum Trocknen aufgehängt. In Å sieht man, wie das alltägliche Leben an einem einsamen Fleckchen Norwegen vonstattengeht – heute und früher.

Die Hauptattraktion ist das ganzjährig geöffnete Fischerdorfmuseum (Norsk Fiskeværsmuseum), das Themen rund um diesen Wirtschaftszweig beleuchtet. Zwei Dutzend erhaltene Gebäude stehen seit gut 170 Jahren an ihrem ursprünglichen Ort, darunter Bootshäuser, eine Trankocherei und natürlich »rorbuer«, die roten Fischerhütten, aber auch eine Post und eine Schmiede. Und in der Bäckerei glüht der Ofen von 1844 noch immer, auch wenn er heute Zimtschnecken für Touristen statt Brot für die Fischer hervorbringt. Das Dorf gehörte früher übrigens einer einflussreichen Händlerfamilie namens Ellingsen, die Unterkünfte an Lofotfischer vermietete, den Fang aufkaufte und den Export abwickelte. In dieser originalgetreuen Umgebung wird der gleichzeitig harte und romantisierte Alltag in einem Fischerdorf greifbar.

TIPP

DAS EINZIGE STOCKFISCHMUSEUM DER WELT

Daneben gibt es noch das informative Stockfischmuseum, das im Sommer geöffnet hat. Bei einem Rundgang oder einer Führung erhalten die Besucher einen Einblick in die Geschichte, den Prozess der Verarbeitung und die verschiedenen Qualitäten. Dass diese italienische Namen tragen, hängt damit zusammen, dass ganze 95 Prozent des Stockfischs von den Lofoten nach Italien exportiert werden.

NORWEGENS SÜDKÜSTE

Auf dieser Tour ist nicht nur Sitzfleisch für die etwa tausend (!) Kilometer gefragt, sondern auch körperlicher Einsatz: Mit Preikestolen, Kjeragbolten und Trolltunga liegen drei besonders beliebte Wanderziele an der Strecke.

Es gibt verschiedene Möglichkeiten für die Fahrt von Oslo in die ehemalige Hauptstadt Bergen: durch das Hinterland mit mehreren Nationalparks oder an der Küste entlang. Weil in Norwegen eigentlich immer der Weg das Ziel ist, sollte man die Entscheidung nicht der Kilometerzahl unterordnen, sondern überlegen, ob man unterwegs lieber Meer und Fjorde oder Berge und (viel) Grün sehen möchte. Die Küstenroute ist die längere, hält aber auch ein breiteres Spektrum an Natur und Kultur bereit. Wir erkunden drei der bedeutendsten Städte des Landes, folgen drei nationalen Panoramarouten und kommen in die Nähe von ebenso vielen berühmten Wanderzielen: Preikestolen, Kjeragbolten und Trolltunga. Die Fotos fürs Urlaubsalbum muss man sich jedoch erarbeiten: Jeder der drei Aussichtspunkte fordert einen eigenen Wandertag.

Das erste Drittel der Strecke führt uns von **1 Oslo** nach **2 Kristiansand**. Je weiter südlich wir auf dem 320 Kilometer

INFO

Start: Oslo
Ziel: Bergen
Länge: ca. 1000 Kilometer
Dauer: 1 Woche
Beste Reisezeit: Mai – Mitte August

Start in Oslo: Die Oper ist ein Symbol der oftmals futuristisch anmutenden Stadt am Fjord.

1 OSLO
Henie Onstad Art Centre
2 Kristiansand
Dyrepark
3 Stavanger
Gamle Stavanger
Schwerter im Berg
Preikestolen
Kjerag
Hellesli viewpoint
4
Lysefjorden
5 Hårteigen
Trolltunga
Låtefossen
6 Bergen
Fløibanen
Fløyen
Edvard Grieg Museum Troldhaugen
Stavkirke Fantoft
Sommerskisenter
Folgefonna nasjonalpark
Hardangervidda nasjonalpark
Hallingskarvet nasjonalpark
Jostedalsbreen nasjonalpark
Jotunheimen nasjonalpark
Norsk Bremuseum
Stavkirke Hopperstad
Snøvegen
Vøringsfossen
Sognefjorden
Hardangerfjorden
Telemarkskanal
Gamle Trehus (Holzhausensemble)
Maihaugen
Lillehammer
Drammen
Skien
Porsgrunn
Arendal
Mandal
Egersund
Haugesund
Odda
Voss
Skagerrak
Skagen
Hirtshals
Fredrikstad
0 20 km

Bryggen in Bergen – nach Bränden immer wieder in alter Bauweise aufgebaut – steht auf der UNESCO-Welterbeliste.

langen Abschnitt kommen, desto dichter liegen die hübschen Küstenorte, in denen die Norweger gerne Urlaub machen. In Tvedestrand kann man durch Secondhand-Buchläden stöbern und per Fähre die Inseln im Tvedestrandfjord erkunden. Auch Arendal, Grimstad, Lillesand und Mandal sind hübsche Orte zum Anhalten, wo man durch Gassen mit weißen Häusern schlendern und am Wasser einen Happen essen kann.
Auf dem Abschnitt von Kristiansand in die Ölstadt **3 Stavanger** folgen wir der südlichsten nationalen Landschaftsroute: Die 130 Kilometer lange Panoramastraße führt von Flekkefjord durch die Küstenlandschaft Jæren bis nach Bore. Beim Leuchtturm in Kvassheim informiert eine Ausstellung über die charakteristische Natur, außerdem gibt es ein Café. Die norwegischen Landschaftsrouten sind für ihre pragmatischen modernen Bauwerke bekannt, die die Fahrt unterhaltsamer und bequemer gestalten sollen. Ein Beispiel dafür ist das kantige Toiletten- und Duschhäuschen am Refsnesstrand.

Bereit zum Kraxeln?

Nach dem Durchqueren des Ryfylketunnels von Stavanger nach Tau finden wir uns am Westende vom **4 Lysefjord** wieder. Aktive Urlauber sind dort in ihrem Element. Relativ unkompliziert kommt man auf die Felsplattform Preikestolen; das Besteigen des weiter östlich liegenden Kjerags ist anstrengender. Als Alternative bietet sich eine Bootstour ab Stavanger an, denn vom Wasser aus hat man eine tolle Perspektive auf die steilen Felswände.
Dort beginnt auch schon die nächste Landschaftsroute, nämlich durch Ryfylke, eine Region der Provinz Rogaland. Sie misst 260 Kilometer und umfasst zwei Fährverbindungen sowie sieben auffällige Aussichtspunkte und Picknickplätze. Wir folgen ihr von Tau bis zum Nordufer des Sees Lovravatnet und suchen den Aussichtspunkt Lovra, der sich im Wald versteckt und einen wunderbaren Blick auf den Lovrafjord bietet. Und in Sand halten wir an der rostroten Fußgängerbrücke Høse bru an, die den schmalen Fluss Suldalslågen überquert.
Wir folgen der Landstraße 13 gen Norden und halten am 165 Meter hohen Wasserfall Låtefossen zum Staunen und Fotografieren an. Vor der rauschenden Kulisse startet die Landschaftsroute Hardanger, der wir eine ganze Weile folgen. Wer den Aufstieg zur weltberühmten **5 »Trollzunge« (Trolltunga)** wagen möchte, zweigt bei Tyssedal ab und parkt auf einem von drei möglichen Plätzen. Die meisten Selbstfahrer folgen dem Schild bis nach Skjeggedal, aber wer eine Lücke auf dem Parkplatz Mågelitopp reserviert hat, kommt dem Wanderziel am nächsten.
Der mächtige Wasserfall Steinsdalsfossen ist mit einer Aussichtsplattform erschlossen, auf der man den Wassermassen nahe kommt, ohne nass zu werden. Von dort sind es noch knapp 80 kurvige Kilometer nach **6 Bergen**. Am Anfang der Tour haben wir die Hauptstadt Oslo erkundet, und nun besuchen wir ihren »kleinen Bruder«. Achten Sie auf all die Unterschiede: Architektur, Flair und natürliche Umgebung könnten verschiedener nicht sein.

GASTSTÄTTEN & UNTERKÜNFTE

EINKEHREN

OSLO STREET FOOD (OSLO)

In der norwegischen Hauptstadt essen, ohne angesichts der Preise zu weinen? Das ist in der internationalen Markthalle mit 16 Ständen möglich. Sie liegt zentral und vereint Esskulturen aus aller Welt unter einem Dach. Freitags und samstags wird nach dem Abendessen in die Morgenstunden getanzt.
www.oslo-streetfood.no

MICHEL SEYLMAGERS HUS (PORSGRUNN)

Auf etwa halber Strecke zwischen Oslo und Kristiansand bietet sich eine Pause in der Hafenstadt Porsgrunn an. Im Zentrum liegen mehrere Lokale am Fluss Porsgrunnselva. Dieses Restaurant nutzt das im Jahr 1750 errichtete Haus eines Seilmachers.
www.michelseylmagerhus.no

SMAG & BEHAG (KRISTIANSAND)

Die ausgediente Turnhalle eines Schulgebäudes von 1899 mit hoher Decke und freiliegenden Backsteinwänden dient als stilvoller Rahmen für ein ebenso gehobenes Restaurant. Besonders empfehlenswert ist das Verkostungsmenü mit fünf Gängen.
www.smag-behag.no

EG & DU (STAVANGER)

»Ich und du« – das sind die Köche Haakon und Robert, die in einem minimalistischen Lokal norwegische Küche zum Wohlfühlen auftischen. Die Fischsuppe und der Fischburger zählen zu den beliebtesten Gerichten.
www.egogdu.no

RESTAURANT 1877 (BERGEN)

Die gemütliche, zentral gelegene Gaststätte befindet sich – zusammen mit vier weiteren Lokalen – in der ehemaligen Fleischmarkthalle »Kjøttbasaren«, die im Jahr 1877 eröffnet wurde. Die Verkostungsmenüs mit fünf bzw. acht Gängen stellen eindrucksvoll die Kulinarik der Küste vor.
www.restaurant1877.no

ÜBERNACHTEN

SAGA HOTEL OSLO BW PREMIER COLLECTION (OSLO)

In der norwegischen Hauptstadt ein Hotel mit Parkplatz zu erwischen, ist ein kleines Wunder. Bei Saga kommt man im ruhigen Wohnviertel Uranienborg unter, das von zwei Einkaufsmeilen, dem Vigelandpark und dem Schlosspark umgrenzt wird.
www.bestwestern.de

THON PARTNER HOTEL PARKEN (KRISTIANSAND)

Das moderne Hotel liegt im Zentrum der Stadt, gleich neben dem Dom und dem Wergelandpark. Direkt um die Ecke liegen mehrere Lokale zum spontanen Einkehren am Abend.
www.thonhotels.no

CLARION COLLECTION HOTEL SKAGEN BRYGGE (STAVANGER)

Dank der Lage am Hafen und der typisch weißen Fassade fühlt man sich hier sofort gut aufgehoben. Neben dem Frühstück sind auch Kaffee und Kuchen am Nachmittag sowie das Abendessen im Zimmerpreis inbegriffen.
www.nordicchoicehotels.no

CLARION COLLECTION HOTEL HAVNEKONTORET (BERGEN)

Auch in Bergen hat sich die Hotelkette Nordic Choice eine Adresse in bester Location gesichert, die Halbpension und Kaffeepause bietet. Hier steigt man in einem altehrwürdigen Bau mit vielen historischen Details ab.
www.nordicchoicehotels.no

Der Foodcourt »Oslo Streetfood« lockt mit einem breiten Angebot und moderaten Preisen.

FUTURISTISCHE CITY AM FJORD

Es scheint, als blicke Norwegens Hauptstadt immer nur nach vorne. Statt Altstadt und Geschichte erleben Besucher bahnbrechende Architektur, moderne Museen und Kunst im öffentlichen Raum.

Ein Abstecher nach Oslo ist wie eine Reise in die Zukunft. Während andere norwegische Städte mit historischen Stadtkernen und Hafenvierteln locken, sind die lebendigsten Ecken der norwegischen Hauptstadt von Architektur aus den vergangenen Jahrzehnten geprägt.

Die spektakulärsten Gebäude liegen am Wasser – und das ist kein Zufall: Seit der Jahrtausendwende verfolgt die Stadt den Traum einer lebenswerten »Fjord City«. Dieses gigantische Stadtentwicklungsprojekt umfasst den Uferbereich von Frognerkilen im Nordwesten bis Bekkelaget im Südosten. Wo

1

↑ In Oslo wird man als Spaziergänger mit vielen Kunstwerken im öffentlichen Raum verwöhnt.
↙ Die moderne Seestadt – bestehend aus Tjuvholmen und Aker Brygge – mit dem Astrup-Fearnley-Museum, dem Aussichtsturm und zwei Badestellen.

früher Autobahnen und Industriegebiete die Innenstadt vom Oslofjord abschnitten, hat sich die Stadt zum Wasser hin geöffnet. Ein neun Kilometer langer Uferweg bringt Spaziergänger und Radfahrer besonders nahe an den Oslofjord.
Zu den zentralen Vierteln, die von dieser Flächensanierung profitiert haben, gehören Aker Brygge mit Tjuvholmen, der Vorplatz des Rathauses und das Viertel Bjørvika. Diese Ecken halten herausragende Sehenswürdigkeiten und viele Restaurants bereit. Erst in den Jahren 2021 bis 2022 haben zwei neue Museen das Kulturangebot auf internationalem Niveau erweitert: Im 13-stöckigen Munch-Museum kommen »Der Schrei« und andere Schlüsselwerke von Edvard Munch (1863–1944) gut zur Geltung. Und das Nationalmuseum zeigt einen Querschnitt der norwegischen Kunst, Architektur und Produktgestaltung anhand von 6500 Exponaten.

Sightseeing »al fresco«

Oslo ist ein teures Pflaster, hat aber zum Glück einige kostenlose Sehenswürdigkeiten im Freien zu bieten. So kann man dem Opernhaus aufs Dach steigen. Das 2008 fertiggestellte Gebäude zählt zu den Paradewerken der modernen norwegischen Baukunst und zu den ersten verwirklichten Projekten der »Fjord City«. Bei der Gestaltung hat sich das Architekturbüro Snøhetta von einem Eisberg inspirieren lassen.
Der Frognerpark vereint ganze 212 Stein- und Bronzeskulpturen des Bildhauers Gustav Vigeland (1869–1943) an einem Ort. Damit ist die Vigeland-Anlage der größte Skulpturenpark der Welt, der von einem einzigen Künstler geschaffen wurde. Die ausdrucksstarken Figuren beschäftigen sich mit dem Lebenszyklus des Menschen und zeigen ihn mal ausgelassen und verspielt, mal nachdenklich und frustriert. Der Besuch des Parks ist gratis, aber wer zusätzlich das kostenpflichtige Vigeland-Museum besucht, bekommt einen tieferen Einblick in das Leben und Werk des bedeutenden norwegischen Künstlers.
Nach dem Absolvieren dieser beiden Wahrzeichen lässt man am besten im Viertel Aker Brygge die Seele baumeln. Als Oslos Treffpunkt schlechthin mit vielen Möglichkeiten zum Einkehren und Einkaufen zeigt es, was durchdachte Stadtplanung alles kann. Dort spaziert man zwischen umfunktionierten Werkstatthallen und verglasten Neubauten hindurch, die insgesamt rund 70 Geschäfte und 40 Gaststätten beherbergen. Auffällig sind aber auch die vielen Skulpturen: Hat man erst einmal angefangen, die Kunst im öffentlichen Raum zu bemerken, entdeckt man sie an den verwunderlichsten Orten.

TIPP

MUSEUMSINSEL BYGDØY
Westlich vom Zentrum liegt die ländlich anmutende Insel Bygdøy im Oslofjord, die mehrere kulturhistorische Museen trägt. Besonders empfehlenswert ist der Abstecher für alle, die sich für Abenteurer und Expeditionen interessieren: Das Trio, bestehend aus Fram-Museum, Kon-Tiki-Museum und Schifffahrtsmuseum, beleuchtet das Thema Seefahrt aus ungewöhnlichen Perspektiven.
www.frammuseum.no
www.kon-tiki.no
www.marmuseum.no

MODERNE KUNST MAL ANDERS
Auf der Fahrt von Oslo gen Westen passiert man nach 20 Minuten das Henie-Onstad-Kunstzentrum. Das 1968 eröffnete Museum breitet sich auf der landschaftlich reizvollen Landzunge Høvikodden mit einem großzügigen Bau und einem Skulpturenpark aus. Hier wird Norwegens größte Sammlung internationaler Kunst gezeigt, darunter Werke von Matisse, Miró und Picasso.
www.hok.no

Piratenschiff im Vergnügungspark (Dyrepark)

2

KRISTIANSAND

EIN ORT ZUM ENTSPANNEN

Der südnorwegischen Küstenstadt eilt der Ruf eines familienfreundlichen Urlaubsziels voraus. Obwohl viele Gäste nur auf der Durchreise ins ländliche Setesdal vorbeikommen, hat der Ort für ein, zwei Tage genug zu bieten.

Der dänisch-norwegische König Christian IV. (1577–1648) hat auf der Landkarte über den Süden von Skandinavien beachtliche Spuren hinterlassen: 1614 gründete er Kristianstad im heutigen Schweden, 1624 legte er das abgebrannte Oslo unter dem Namen Christiania neu an, und 1641 schließlich schuf er mit Kristiansand einen neuen Handels- und Militärstützpunkt an der südnorwegischen Küste. Alle drei haben einen Grundriss nach dem Ideal der Renaissance: Die Straßen im historischen Stadtkern verlaufen rechtwinklig zueinander. Im Zentrum von Kristiansand liegen der neugotische Dom, die Einkaufsmeile Markens gate und die Festung Christiansholm nah beieinander.
Auch die südlich vorgelagerte Insel Odderøya ist einen Spaziergang wert. Dort lädt der Museumshafen vor allem kleine Besucher zum Mitmachen ein; außerdem werden Ruderboote vermietet. Und das neu gestaltete »Kunstsilo« versorgt Besucher mit kultureller Abwechslung. Apropos Abwechslung: Knapp fünf Kilometer außerhalb von Kristiansand befindet sich der Hochseilgarten »Høyt & Lavt«, wo es Kletterrouten für Abenteurer ab 80 Zentimeter Körpergröße gibt. Und Regentage lassen sich im Erlebnisbad Aquarama aushalten.

TIPP

BELIEBTER FREIZEITPARK
Die größte Attraktion von Kristiansand liegt etwa 15 Kilometer östlich der Stadt. Der »Dyrepark« ist viel mehr als der namensgebende weitläufige Zoo: Es gibt auch ein Erlebnisbad, mehrere Spielplätze sowie Theatervorführungen im Freien. Dank zahlreicher Übernachtungsmöglichkeiten vor Ort können Familien den Besuch bis zur letzten Minute auskosten.
www.dyreparken.no

3

Das Ölmuseum in Stavanger

STAVANGER

NORWEGENS ÖLSTADT

Im Herbst 1969 förderte ein amerikanischer Konzern erstmals Erdöl aus dem norwegischen Kontinentalschelf in der Nordsee zutage. Damit begann das Zeitalter, in dem sich Stavanger von der Industrie- zur modernen Großstadt entwickelte.

Mittlerweile verzeichnet die Stadt etwa 134 000 Einwohner und qualifiziert sich so als viertgrößte Stadt des Landes. Was sich seit diesem historischen Fund getan hat und wie Erdöl, Umweltschutz und Dinosaurier zusammenhängen, erzählt anschaulich und lehrreich das Erdölmuseum. Und obwohl der Ölboom ein urbanes Wachstum und hohe Immobilienpreise mit sich gebracht hat, wirkt der Stadtkern von Stavanger mit seinen Holzhäusern und krummen Gassen noch immer wie eine malerische Kleinstadt. Im Viertel Gamle Stavanger auf der Westseite der Vågen-Bucht stehen gut 170 weiß getünchte Häuser aus der Zeit um 1800 beisammen.

Vor dem Ölboom lebte Stavanger jedoch von einer ganz anderen Industrie: dem Konservieren und Verpacken von Lebensmitteln. 1873 eröffnete die erste Konservenfabrik, und ein halbes Jahrhundert später gab es über 50, die zusammen die Hälfte der Einwohner beschäftigten und zwei Drittel von Norwegens Konserven herstellten. In einem dieser Werke, das von 1916 bis 1958 in Betrieb war, befindet sich heute das sehenswerte Konservendosenmuseum. Bis zu hundert Mitarbeiter waren dort tätig. Beim Rundgang kann man sich in die verschiedenen Aufgabenbereiche hineinversetzen, von der Verwaltung bis zur Fabrikhalle. Das wichtigste Produkt waren Sardinen, die in einem Verfahren mit zwölf Schritten haltbar gemacht wurden.

TIPP

NORWEGENS ÄLTESTE KATHEDRALE

Der Dom zu Stavanger hat als einziger im ganzen Land seine Architektur aus dem Mittelalter behalten. Seine Errichtung im frühen 12. Jahrhundert markiert die Gründung der Stadt.

NB 840

Mehr als eine Ölmetropole: Der Hafen und die Innenstadt von Stavanger sind richtig malerisch.

4

Wanderer auf dem Weg zum Preikestolen

LYSEFJORD

ZWEI WANDERZIELE MIT AUSSICHT

Östlich von Stavanger zieht sich der 42 Kilometer lange Lysefjord bis tief ins Hinterland der Provinz Rogaland. Naturfans ist er wegen seiner steilen Wände und der Wanderziele Preikestolen und Kjerag bekannt.

Wer von dieser legendären »Kanzel« predigen (oder die Aussicht aus 604 Meter Höhe über dem Fjord genießen) möchte, muss die Wanderschuhe schnüren, genug Trinkwasser einpacken und insgesamt acht Kilometer Fußweg zurücklegen. Das klingt nach wenig, doch der vier Kilometer lange Aufstieg überwindet 500 Höhenmeter – man steigt sozusagen eine sehr, sehr lange Treppe hinauf. Am Ende eröffnet sich die 25 mal 25 Meter große Plattform, die vor etwa 10 000 Jahren durch Frostsprengung entstanden sein muss: Damals füllte ein Gletscher den Fjord, und in Felsspalten gefrorenes Wasser sprengte kantige Felsblöcke weg. Weiter landeinwärts ragt der 1084 Meter hohe Gipfel Kjerag über den Lysefjord – die höchste Erhebung in der Region. Auch er ist ein beliebtes Wanderziel im Sommer, wenn auch um einiges anspruchsvoller als der Preikestolen. Die Entfernung vom Parkplatz zum Gipfel beträgt etwa 5,5 Kilometer. Dabei müssen Wanderer drei Anstiege und zwei Täler bewältigen und insgesamt 800 Höhenmeter erklimmen. Hinterher kann man sich im Restaurant Øygardstøl mit einem aussichtsreichen Essen belohnen. Auch die Fahrt über die Passstraße Lysevegen nach Lysebotn ist ein Erlebnis: Die zwei Dutzend Kurven verlangen Auto und Fahrer aber einiges ab.

TIPP

AUSSICHTSPUNKT HØLLESLI

Am Südende der nationalen Touristenroute Ryfylke, die in Oanes startet, befindet sich zwischen der Lysefjordbrücke und dem Høllesliturnnel eine 2020 angelegte Aussichtsplattform. Man geht durch eine schmale Passage zwischen zwei angedeuteten Felsen, und danach eröffnet sich eindrucksvoll das Panorama. www.nasjonaleturistveger.no/de/routen/ryfylke

5

Auf eigene Gefahr: posieren auf der »Trollzunge«

TROLLTUNGA

FOTOGENER FELSVORSPRUNG

Die »Trollzunge« ist Norwegens bekannteste Felsformation und spornt Urlauber zu Höchstleistungen an. Ein Sonntagsspaziergang ist der Aufstieg nämlich bei Weitem nicht: Die Wanderung kann bis zu zwölf Stunden dauern.

Früher oder später sieht jeder, der in Norwegen ist, ein Bild des schmalen, waagerechten Felsvorsprungs namens Trolltunga. Hier scheint das Gebirge – in einer Höhe von 700 Metern – seinen Besuchern die Zunge rauszustrecken. Macht es sich lustig darüber, dass sich untrainierte Urlauber in Turnschuhen zu viel zumuten, nur um ein tolles Foto zu schießen? Vielleicht. Aber die Umgebung ist zu magisch, um nicht über eine Wanderung nachzudenken.

Seitdem die Standseilbahn 2004 eingestellt wurde, kommt man nur noch zu Fuß hin. Vom Startpunkt P2 Skjeggedal sind es 13,5 Kilometer pro Richtung, wobei man 800 Höhenmeter überwindet. Wer vom Startpunkt P3 Mågelitopp aus wandert, spart sich etwa 3,5 Kilometer pro Richtung und muss »nur« 320 Höhenmeter bewältigen. Für Hin- und Rückweg sollte man insgesamt zehn (ab P3) bzw. zwölf Stunden (ab P2) einplanen. Oben bildet sich oft eine Warteschlange. Weil der Rand der Zunge nicht abgesichert ist, ist allerhöchste Vorsicht geboten: Der Absturz würde tödlich enden.

INFO

PARKPLATZ ODER SHUTTLEBUS?
Die Startpunkte P2 und P3 werden von Shuttlebussen angefahren, außerdem gibt es Parkplätze. Am nahsten kommt man der Felsformation mit dem eigenen Fahrzeug auf dem privaten Parkplatz P3 Mågelitopp. Der hat allerdings seinen Preis: 600 Norwegische Kronen für den Parkplatz plus 200 für die Schranke in Skjeggedal. Online-Vorbuchung ist Pflicht.
www.trolltunganorway.com, www.trolltunga.com

NASSE SCHÖNHEIT

Norwegens zweitgrößte Stadt zählt zu Europas regenreichsten Städten. Das mindert ihre Attraktivität aber nicht: Umgeben von sieben Bergen liegt eine Hafenstadt, die sich seit der Hansezeit kaum verändert hat.

Wer längere Zeit in Oslo oder Bergen verbringt, wird zwischen den beiden Städten eine brüderliche Rivalität feststellen. Und die besteht seit dem Mittelalter, denn im 13. Jahrhundert diente Bergen als Hauptsitz der Könige. Als Magnus VI. Håkonsson (1238–1280) starb, vermachte er Bergen an seinen älteren Sohn Erik und das Herzogtum um Oslo an den jüngeren Håkon. Als Erik 1299 starb und sein Bruder die Macht übernahm, hatte dieser sich schon in Oslo niedergelassen. Statt nach Bergen zurückzukehren, verlagerte er das Machtzentrum von der Westküste in den Os-

6

↑ Das Wohnzimmer des Komponisten Evard Grieg; auf seinem Steinway-Flügel wird nach wie vor gespielt ↙ Die Häuser am Hafen sind als Niederlassungen deutscher Kaufleute entstanden. Bis heute spricht man von der »deutschen Lan-dungsbrücke« (Tyskebryggen).

ten. Trotzdem sollte es bis in die 1830er-Jahre dauern, dass die neue Hauptstadt auch mehr Einwohner zählte. Heute leben in Bergen rund 265 000 Menschen, in Oslo etwa 700 000.

Von deutschen Kaufleuten geprägt

Auch optisch könnten die beiden Städte nicht verschiedener sein. Während sich Oslo über die Jahrhunderte mehrmals neu erfunden und deswegen gar keine richtige Altstadt hat, ist Bergen seit der Hansezeit quasi unverändert geblieben. Ihr Wahrzeichen ist die pittoreske Landungsbrücke mit Hansekontoren. Schon 1343 hatten norddeutsche Kaufleute dort eine Handelsniederlassung errichtet, und bis ins 18. Jahrhundert waren die Deutschen dort unter sich – daher sprachen die Einheimischen von der »Tyskebryggen«. Die ursprünglichen Häuser stehen zwar nicht mehr, aber nach Bränden wurde Bergen stets nach den originalen Plänen wieder aufgebaut. Als norwegisches Beispiel hanseatischer Baukunst gehört das Hafenviertel zum UNESCO-Weltkulturerbe.
Vor dieser historischen Kulisse spielt der Hafen von Bergen noch immer eine wichtige Rolle. Statt Trockenfisch aus Nordnorwegen und Getreide aus dem Ostseeraum werden dort mittlerweile aber Container, Schüttgut und Touristen verladen. In Bergen starten die Schiffe der historischen Postlinie Hurtigruten.
Norwegens »Second City« ist von sieben Bergen umgeben, die alle gute Voraussetzungen zum Wandern mit Aussicht bieten. Am leichtesten zu erreichen ist der 399 Meter hohe Fløyen, der sich direkt über dem Stadtzentrum erhebt. Auf den Aussichtspunkt mit Panoramablick über die fotogene Halbinsel kommt man mit der 1918 eröffneten Fløibanen, Norwegens erster und einziger Standseilbahn. Auch der höchste der sieben Berge ist erschlossen: Erst im Jahr 2021 hat der 643 Meter hohe Ulriken eine neue Luftseilbahn bekommen. Für Unternehmungen in der Natur ist übrigens der Mai die beste Reisezeit – der Monat mit den wenigsten Regentagen.
Für die nassen Tage hält Bergen einige kulturelle Einrichtungen und Sehenswürdigkeiten bereit. Da gibt es Norwegens ältestes Theater: die 1850 gegründete »Nationale Scene«. Auch das Freilichtmuseum Gamle Bergen bietet mit seinen historischen Häusern Schutz vor Niederschlag. Dort wird man ins 19. Jahrhundert zurückversetzt, als Bergen Europas größte Holzhausstadt war. Zusammen mit acht weiteren Sehenswürdigkeiten gehört das »alte Bergen« zur Stiftung Bymuseet i Bergen. Die Håkonshalle – ein Teil der Festung Bergenhus – stammt aus dem 13. Jahrhundert und gilt als ältestes Schloss des Landes.

TIPP

BERGEN VOM WASSER AUS ERLEBEN
Als historische Hafenstadt genießt Bergen ein maritimes Flair, und da liegt es nahe, auch eine Bootsfahrt zu unternehmen. Bei Bryggen starten mehrere Touren – von der kompakten, zweistündigen Rundfahrt um Bergen bis zum Tagesausflug nach Flåm, auf dem Sognefjord oder zum Hardangerfjord. Die meisten werden ganzjährig angeboten.
www.visitbergen.com/things-to-do

KLAVIER MIT SEEBLICK
Zehn Kilometer südlich von Bergen liegt Troldhaugen, das ehemalige Sommerhaus des bekannten norwegischen Komponisten Edvard Grieg (1843–1907) und seiner Frau, der Sängerin Nina. Das Paar zog 1885 ein, als beide etablierte Musiker und viel auf Tour waren. Um ungestört komponieren zu können, ließ Grieg am Wasser noch eine kleine rote Hütte bauen. Ein Tipp sind die Mittagskonzerte: Im Sommer werden täglich Stücke von Grieg zum Besten gegeben. Auf dem Weg zum Museum können Sie außerdem an der Stabkirche Fantoft anhalten.
www.griegmuseum.no

Auf der Atlantikstraße geht es über acht Brücken mit spektakulären Formen.

NORWEGEN | ROUTE 8: VON ÅLESUND NACH KRISTIANSUND

ÜBER DIE BERÜHMTE ATLANTIKSTRASSE

Von Norwegens schier unendlicher Küste hat ein 36 Kilometer langer Abschnitt unter Selbstfahrern Kultstatus: die Landschaftsroute zwischen Kårvåg und Bud, auch bekannt als »Atlanterhavsvegen«. Die unmittelbare Nähe zum Meer und die Fahrt über Inseln und Schären haben der Atlantikstraße die Ernennung zur schönsten Autofahrt der Welt eingebracht. Wir dehnen sie in beide Richtungen aus.

Nirgendwo in Skandinavien ist der Weg mehr das Ziel als hier: Die Atlantikstraße fährt man nicht, um irgendwo anzukommen, sondern um in unmittelbarer Nähe des Meeres unterwegs zu sein. Dieser Abschnitt der Provinzstraße 64 (Fylkesvei) lädt mit zwei schmalen Spuren, zahlreichen Kurven und atemberaubenden Aussichtspunkten zum Entschleunigen ein. Besonders spektakulär verläuft die 8,3 Kilometer lange Etappe ganz im Osten, die sich von Insel zu Insel schlängelt: Sie nutzt acht Brücken mit insgesamt 891 Meter Länge. Die längste davon ist mit 260 Metern die Storseisund-Brücke. Mit ihren drei markanten Bögen und einer Höhe von 23 Metern ist sie außerdem das Wahrzeichen der Atlantikstraße. Im 25. James-Bond-Film »No Time To Die« (2021) zischt Daniel Craig alias Agent 007 in seinem Aston Martin über diese filmreife Strecke.

Diese Meisterleistung der modernen Tiefbaukunst ergibt zusammen mit der reiz-

INFO

Start: Ålesund
Ziel: Kristiansund
Länge: ca. 180 Kilometer
Dauer: 1–2 Tage
Beste Reisezeit: Mai – September

vollen Landschaft ein einzigartiges Fahrerlebnis. Der Sonnenuntergang zeigt sich dort besonders schön. Als der norwegische Rundfunk zusammen mit der Baubranche im Jahr 2005 – zum hundertsten Jahrestag der Unabhängigkeit von Schweden – das »Bauwerk des Jahrhunderts« kürte, ging die Atlantikstraße nach Abstimmungen auf mehreren Ebenen als Sieger hervor.
Insgesamt hatten 14 Provinzen mehr als 50 Bauwerke als Kandidaten vorgeschlagen. Aus der Provinz Møre og Romsdal waren neben der Atlantikstraße auch die **1 Jugendstil-Stadt Ålesund** sowie die **2 Kirkelandet-Kirche** in Kristiansund im Rennen. Beide Schönheiten sind auch Höhepunkte auf dieser Route.

Die Erschließung einer gefährlichen Bucht

Die Fahrt auf der Atlantikstraße führt durch eine fruchtbare Kulturlandschaft nahe der Küste, über Moorlandschaften und zu den kahlen Felsen der windgepeitschten Bucht von Hustadvika. Letztere zählt zu den gefährlichsten Abschnit-

Diese Meisterleistung der Baukunst wurde 2005 als Norwegens »Bauwerk des Jahrhunderts« gekürt.

ten der norwegischen Küste. Dort, am Auslauf des Lauvøyfjords, macht sich der Gezeitenwechsel zwischen den kleinen Inseln mit gewaltigen Strömungen bemerkbar. Diese haben schon zahlreiche Schiffe ins Verderben gezogen. Gleichzeitig hält der Atlantische Ozean an dieser Stelle eine Menge Fische bereit; Hering und Dorsch waren immer schon besonders wertvolle Güter. Auch Einheimische und Urlauber kommen gerne zum Angeln.

Weniger bekannt ist, dass viele Familien an der Küste vom reichen Vorkommen von Braunalgen lebten – genauer gesagt von der Seetangverbrennung. Dadurch wurde Asche erzeugt, die wiederum als Rohstoff für die Glasherstellung und später für die Gewinnung von Jod genutzt wurde. Der Name des 3 **Aussichtspunkts Askevågen** stammt aus der Blütezeit dieses Wirtschaftszweigs. Im 19. Jahrhundert wurde die Algenverbrennung jedoch lange verboten, weil sie die Fischerei behinderte. Mittlerweile lockt der dichte Wald unter Wasser Taucher aus vielen Ländern an.

Lange tüftelte man an einem effizienten Transportweg für die Fischindustrie. 1909 war die Rede von einer Eisenbahnverbindung, die jedoch – abgesehen vom Festlegen der Trasse – nie verwirklicht wurde. Schon 1935 entschied das norwegische Parlament, dass stattdessen eine Straße gebaut werden sollte, aber auch diese Pläne wurden erst 1961 wieder aus der Schublade geholt. Der erste Spatenstich erfolgte 1983, und 1989 wurde die Straße offiziell eingeweiht. Dazwischen erschwerten ganze zwölf Orkane den Bauprozess.

Routenbeschreibung

Von Ålesund folgen wir der E136, die bald in die E39 übergeht, bis nach Vestnes. Von dort geht eine Autofähre nach Molde. Dank automatischer Erkennung des Nummernschilds läuft die Abwicklung reibungslos und man braucht im Voraus kein Ticket zu lösen. Östlich von Molde zweigen wir von der E39 ab und folgen stattdessen der Provinzstraße 64 nach Norden bis Moen. Von dort geht es über die 663 nach Elnesvågen und über die 664 nach Bud. Dort startet die mit braunen Schildern markierte Landschaftsroute »Atlanterhavsvegen«. Wir folgen ihr auf dem Festland bis Vevang (25 Kilometer) und über die Inseln und Brücken weitere zehn Kilometer nach Kårvåg. Unterwegs halten wir an sieben Stellen an, wo in den letzten Jahrzehnten 3 **moderne Aussichtspunkte und andere Bauwerke** entstanden sind.

Unterdessen sind wir wieder auf die Provinzstraße 64 gestoßen. Kurz vor Øksenvågen verschwindet sie im 2009 eröffneten Atlantiktunnel (Atlanterhavstunnel), der die Gemeinden Averøy und Kristiansund verbindet. Er ist knapp 5,8 Kilometer lang und liegt an der tiefsten Stelle etwa 250 Meter unter der Meeresoberfläche.

GASTSTÄTTEN & UNTERKÜNFTE

EINKEHREN

APOTEKERGATA NO. 5 (ÅLESUND)
Ein ehemaliges Packhaus beherbergt heute dieses gehobene Restaurant, dessen Gerichte lokale Kochtraditionen mit internationalen Einflüssen kombinieren. Es gibt auch eine Bar und einen Feinkostladen.
www.apotekergata5.no

BRO KYSTGASTRONOMI (ÅLESUND)
Die »Brücke« hat sich eine authentische Küstengastronomie auf die Fahne geschrieben, die den Traditionen der Region Sunnmøre folgt. An kühlen Tagen speist man im stilvollen, rustikal-modernen Lokal, und bei schönem Wetter kann man auf der Terrasse am Wasser sitzen.
www.brobro.no

ELDHUSET – ATLANTERHAVSVEIEN KAFE (ELDHUSØYA)
Die Insel und das Café sind nach dem Küchenhaus benannt, das es dort einst gegeben hat. Mit Kochstelle und Ofen war es traditionell der Arbeitsplatz der Frauen. Wie diese damals ihre seefahrenden Männer verköstigten, bewirtet die Gaststätte heute Urlauber auf der Durchreise.

BJARTMARS FAVORITTKRO (KÅRVÅG)
Hier kann man am Ende der Atlantikstraße noch einmal nah am Wasser einkehren und mit Meerblick speisen. Traditionelle Gerichte wie Fish & Chips, Miesmuscheln und Klippfisch passen perfekt in die Umgebung.
www.favorittkro.no

KRANASKJÆRET (KRISTIANSUND)
Dieses Restaurant befindet sich auf einem Inselchen, das 1787 künstlich angelegt wurde. Damals diente es einer Werft, heute empfängt es Feinschmecker, die den Weg vom Jachthafen über den schmalen Steg finden. Mit Garnelen-Sandwich, Muscheln und Klippfisch passt das Menü zur maritimen Umgebung.
www.kranaskjaeret.no

ÜBERNACHTEN

HOTEL 1904 (ÅLESUND)
Mitten im Jugendstilviertel befindet sich das älteste Hotel der Stadt, benannt nach dem Jahr seiner Eröffnung. Hinter der eleganten Fassade verbergen sich 80 komfortable Gästezimmer, die jedoch eher zeitgenössisch eingerichtet sind.
www.1904.no

HUSTADVIKA HAVHOTELL (BEI FARSTAD)
Auf der Halbinsel Storholmen, zwischen Hustad und Farstad, ist dieses Hotel landschaftlich schön gelegen. Neben Doppelzimmern (mit Balkon!) und Familienzimmern gibt es auch voll ausgestattete Ferienwohnungen sowie Ferienhäuser mit Platz für bis zu fünf Personen.
www.classicnorway.no/hotell/hustadvika-havhotell

HÅHOLMEN HAVSTUER (FÄHRE AB GEITØYA)
Auf der Insel Håholmen kann man in einem authentischen Fischerdorf übernachten, wo bis 1960 Klippfisch produziert wurde. Heute beherbergen einige der erhaltenen Gebäude ein Vier-Sterne-Hotel mit 47 individuell gestalteten Zimmern. Die Anreise erfolgt per Fähre in zehn Minuten von der Insel Geitøya, die direkt an der Atlantikstraße liegt.
www.classicnorway.no/hotell/haholmen-havstuer

VIKANESET HAVHOTELL (BEI KRISTIANSUND)
Etwa 20 Autominuten südlich von Kristiansund befindet sich diese Anlage mit Gästezimmern in typisch norwegischen roten Hütten am Wasser. Die Lage, die Aussicht und der individuelle Charakter der Unterkunft sind die Fahrt wert. Direkt in Kristiansund dominieren die Ableger der bekannten Hotelketten Scandic, Thon und Quality Hotel.
www.vikaneset-havhotell.com

Fischsuppe, serviert in »Bjartmars Favorittkro« in Kårvåg

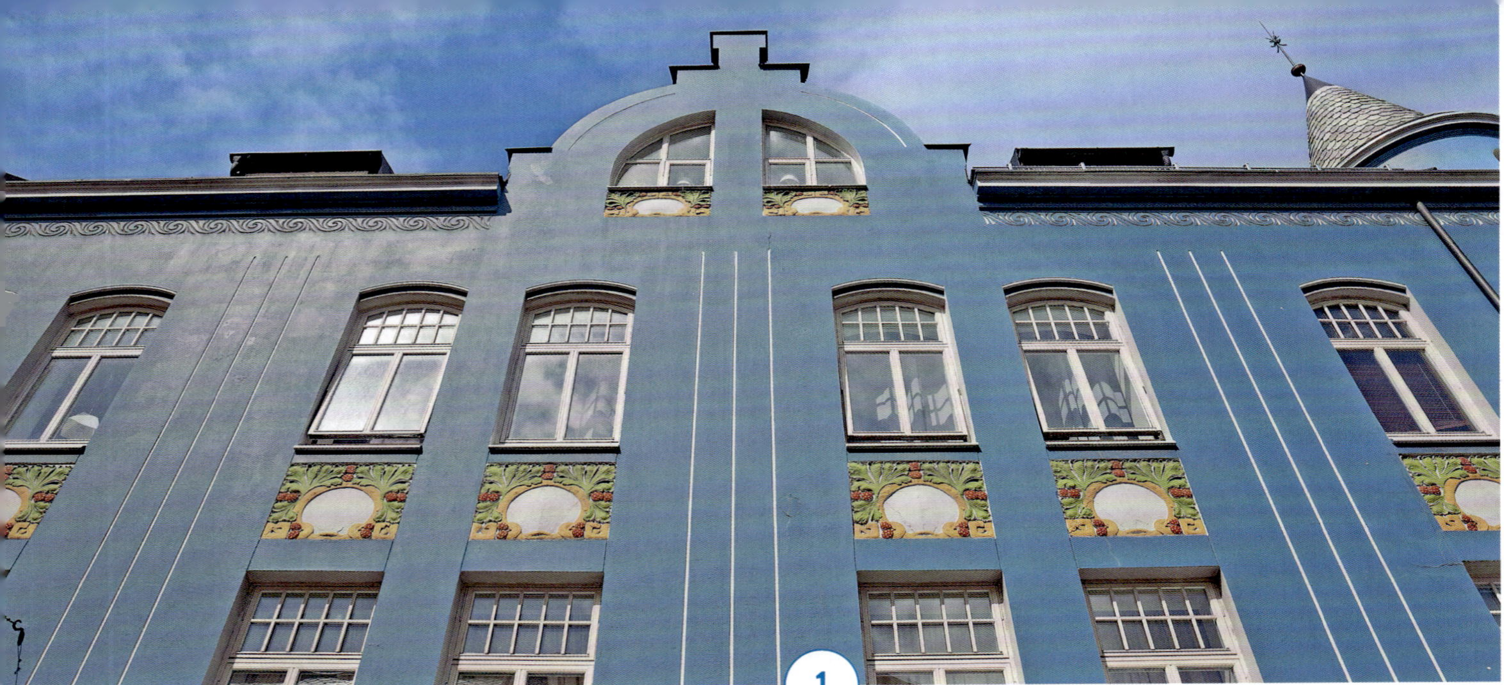

Die Stadt der entzückenden Jugendstil-Fassaden

1

ÅLESUND

EINMALIGES JUGENDSTILVIERTEL

Die Stadt Ålesund mit rund 55 000 Einwohnern ist für ihre ungewöhnlich einheitliche Architektur bekannt: Nach einem Brand 1904 wurde das Zentrum im Jugendstil neu aufgebaut.

Um die Jahrhundertwende war Ålesund zwar erst ein Bruchteil der heutigen Stadt, doch für norwegische Verhältnisse auch schon damals recht groß. Vor allem das Dorschvorkommen im Borgundfjord hatte Fischer dazu bewegt, sich dort dauerhaft niederzulassen.
Im Januar 1904 zerstörte ein Brand rund 850 der aus Holz gebauten Häuser. Den Wiederaufbau unterstützten das ganze Land und sogar der deutsche Kaiser Wilhelm II. (1859–1941), der von der norwegischen Natur begeistert war. Im Stadtpark erinnert ein Denkmal an seine Hilfe, die aus Geld, Notversorgung und Fensterglas für die neue Kirche bestand. Daraufhin wurde Ålesund in nur drei Jahren neu aufgebaut, und zwar mit rund 300 Gebäuden aus Stein im damals angesagten Jugendstil. Für die Entwürfe zeichneten Norwegens führende Architekten dieser Zeit verantwortlich und gaben ihren jeweiligen Häusern einen persönlichen Charakter. So entstand auf engem Raum ein vielseitiges Abbild des norwegisch interpretierten Jugendstils mit Ornamenten aus der nordischen Mythologie sowie aus nationalen Sagen. Im Zuge einer Stadterneuerung in den Sechzigern und Siebzigern musste etwa ein Fünftel der Jahrhundertwendebauten weichen; heute steht ein Großteil des Ålesunder Zentrums unter Denkmalschutz.

TIPP

STILKUNDE DER JAHRHUNDERTWENDE

In einer ehemaligen Apotheke von 1907 ist heute das Jugendstilsenteret untergebracht. Es dient sowohl als Museum als auch als nationales Forschungszentrum. Die Dauerausstellung gibt Einblicke in die Formensprache des Jugendstils.
www.vitimusea.no/en

2

Kristiansund vereint traditionelle und moderne Architektur.

KRISTIANSUND

KLIPPFISCH UND KLOTZKIRCHE

Wer die Hafenstadt Kristiansund erkundet, betreibt Inselhüpfen im Kleinformat: Vier Wasserwege durchziehen das Zentrum, das sich auf drei Inseln erstreckt. Der Hafen und die alte Werft bilden das Herz der Stadt.

Die Stadt Kristiansund (nicht zu verwechseln mit Kristiansand im Süden!) zeigt sich als kleiner Archipel: Die drei Inseln Kirklandet/Gomalandet, Nordlandet und Innlandet bilden gleichzeitig die vier Stadtteile. In der Bucht zwischen Kirklandet und Gomalandet befinden sich der Hafen und die alte Werft (Mellemværftet).
Die kleine Fähre Sundbåten fährt zwischen vier Haltestellen. Die seit 1876 bestehende Wasserverbindung gilt als das weltweit älteste öffentliche, immer noch im Betrieb befindliche Verkehrsmittel, obwohl mittlerweile auch zwei moderne Boote im Einsatz sind. Die (günstige!) Rundfahrt dauert etwa eine Viertelstunde.
Etwas nördlich vom Zentrum erhebt sich die Kirche von Kirkelandet. Sie wurde 1964 eingeweiht. Der weiße Betonklotz des Architekten Odd Østbye zählt aufgrund seiner kantigen Form zu den gewagtesten Sakralbauten der Moderne. Fortschritt oder Blasphemie? Entscheiden Sie selbst.

Die Stadt, die heute gut 18 000 Einwohner verzeichnet, verdankt ihren Wohlstand dem Handel mit getrocknetem Kabeljau: Ab 1691 nutzte man die umliegenden Klippen zur Herstellung von Klippfisch. Auf Gomalandet erzählt das Klippfischmuseum von dieser langen Tradition.

TIPP

DAS URIGE FISCHERDORF GRIP

In einem Archipel mit 200 Inseln befindet sich das historische Fischerdorf Grip (Grip fiskevær) mit pittoresken Häuschen, dem Gasthaus Gripkroa und einer Stabkirche von etwa 1470, einst eine der wichtigsten Produktionsstätten für Klippfisch. Von Ende Mai bis August werden Halbtagesausflüge angeboten. www.gripruta.no, www.visitgrip.com

MODERNE ARCHITEKTUR AN DER ATLANTIKSTRASSE

An der berühmten Panoramastraße gibt es einige Stellen, wo sich das Anhalten besonders lohnt. Diese Hingucker der modernen Architektur sind von 2005 bis 2020 entstanden.

Im Jahr 1994 gab das norwegische Parlament den Startschuss für die bedeutendste Initiative, die der Tourismus im Land je gesehen hat: den Ausbau von 18 Panoramastraßen im ganzen Land bis 2023. Als Alternativen zu den Hauptverkehrsadern führen sie durch typisch norwegische Landschaften, vorbei an Inseln, Fjorden, Bergen und Wasserfällen. Einer dieser »nasjonale turistveger« ist die Atlantikstraße, ein anderer die Strecke durch die Lofoten (ab Seite 98).

Dabei wurde viel mehr getan, als nur Schilder aufzustellen und Broschüren zu drucken. Ein ganzheitlicher Plan hat

3

↑ Der Aussichtspunkt Askevågen ist eines der auffälligen Bauwerke an der Atlantikstraße.
↙ Ein weiterer Hingucker in der Landschaft ist das Kunstwerk »Columna Transatlantica«. Es wirkt, als ob Wellen die Marmorstücke angespült hätten.

auch die Errichtung von Bau- und Kunstwerken vorgesehen, die in der ohnehin atemberaubenden Umgebung gekonnte Akzente setzen, die Natur erlebbar machen und Denkanstöße geben. Denn wenn jemand weiß, wie man Gebäude an ein raues Gelände anpasst, dann sind das die Norweger. Und so hat die norwegische Verkehrsbehörde über 50 Architekten, Designer und Künstler engagiert, die innovativ gestaltete Aussichtspunkte, Gehwege, Picknickplätze und Skulpturen in die Landschaft gestreut haben.

Vier Rastplätze auf dem Festland

Wer die Atlantikstraße befährt, kann sich auf sieben solcher Punkte freuen. Gleich am Anfang, kurz nach Bud, kommt der **Aussichtsplatz von Kjeksa** mit einem langen Picknicktisch. Von dort führen ein Weg und Treppen hinunter ans Wasser und zu den Angelplätzen am Ufer.
Um zum **Aussichtspunkt Askevågen** zu gelangen, muss man einen Kilometer weit von der Straße abfahren. Der Abstecher lohnt sich, denn von der umglasten Plattform hat man einen Rundumblick auf das Meer mit seinen Schäreninseln und die Berge im Landesinneren.
Vom **Parkplatz Farstadsanden** hat man Zugang zu einem Naturschutzgebiet mit Dünen und Rastplätzen zahlreicher Vögel. Von einem modernen Toilettenhäuschen führt ein 2,5 Kilometer langer, präparierter Spazierweg zum Leuchtturm Nordneset. Der Sandstrand Farstadsanden ist ein beliebter Ort zum Wind- und Kitesurfen.
Vom Parkplatz Hågå führt ein Spazierweg an die Küste, wo man das großformatige, 2016 installierte **Kunstwerk »Columna Transatlantica«** des norwegischen Künstlers Jan Freuchen findet. Es besteht aus 40 »gestrandeten« Marmorelementen, in denen jeder Besucher etwas anderes sehen kann: Teile einer griechischen Säule oder eines Meerungeheuers, Reste einer Erdölinstallation in der Nordsee, Fragmente eines Schriftzugs ...?

Drei Rastplätze auf den Inseln

Den Anglern wurde ein großer Gefallen getan, als 2010 Fußgängerbrücken zu beiden Seiten der **Myrbærholm-Brücke** gebaut wurden. Bis dahin hatten sie am Rand der Straße gestanden und für Dorsch, Pollack, Makrele und Seelachs ihre Sicherheit riskiert. Die 80 bzw. 100 Meter langen Stege taugen natürlich auch zum Spazieren und Fotografieren.
Den aufwendigsten Rastplatz an der Atlantikstraße findet man auf der **Insel Eldhusøya**. Dort haben die Architekten von Ghilardi+Hellsten einen Steg für Fußgänger angelegt, der auch für Rollstuhlfahrer und Kinderwagen geeignet ist. Die filigrane Metallkonstruktion schlängelt sich durch das Gelände, ohne unnötig in die Landschaft einzugreifen. Von dort hat man einen guten Blick auf die Storseisund-Brücke, außerdem gibt es ein Café. Ein Denkmal erinnert an Seefahrer, die in den wilden Wassern der Bucht Hustadvika umgekommen sind.
Das siebte und letzte neue Bauwerk an der Atlantikstraße findet man unterhalb der 45 Meter langen Geitøy-Brücke: eine **Plattform zum Angeln**, die über einen Steg mit dem Parkplatz verbunden ist.

TIPP

WEITERE PANORAMASTRASSEN ERKUNDEN
Von den 18 nationalen Landschaftsrouten haben es aus Platzgründen nur wenige in dieses Buch geschafft. Zwischen Jæren im Süden und Havøysund beim Nordkap gibt es noch viel zu entdecken. Die zuständigen Behörden haben die Straßen auf der Webseite wunderbar aufbereitet und stellen die Bau- und Kunstwerke am Weg detailliert vor – auch auf Deutsch. Außerdem gibt es ausführliche Broschüren zum Herunterladen.
www.nasjonaleturistveger.no/de

Die breiten, festen Strände eignen sich unter anderem für einen Ausritt.

DÄNEMARK | ROUTE 9 – VON FLENSBURG NACH KOLDING

IM HALBKREIS DURCH JÜTLANDS ENTSPANNTEN SÜDEN

Breite Sandstrände, aufregende Schlösser und pittoreske Hafenstädtchen machen den Süden von Jütland zu einer beliebten Urlaubsregion, die noch dazu aus Norddeutschland bequem zu erreichen ist.

Der Nordzipfel von Deutschland und der Süden des dänischen Landesteils Jütland haben einiges gemeinsam: das Wattenmeer, die flache Landschaft, die von Förden zerfurchte Küste und einen maritimen, dem Wasser zugewandten Lebensstil mit fischreichem Essen und unzähligen Booten. Auch die gemeinsame Geschichte des ehemaligen Herzogtums Schleswig hat eine gewisse Zweiströmigkeit hinterlassen; zu beiden Seiten der deutsch-dänischen Grenze leben Menschen, die die jeweils andere Sprache sprachen und ein anderes kulturelles Zugehörigkeitsgefühl haben.

INFO

Start: Flensburg
Ziel: Kolding
Länge: ca. 350 Kilometer
Dauer: 3–5 Tage
Beste Reisezeit: Mai – September

Die deutsch-dänische Grenzregion blickt auf eine komplizierte Geschichte zurück. Wir bewegen uns durch ein Gebiet, das über Jahrhunderte eine Sonderstellung hatte und dessen Grenzen sich immer wieder veränderten. Im 13. Jahrhundert entstand dort das Herzogtum Schleswig. Es umfasste das Gebiet zwischen der Eider im Süden und den Flüssen Kongeå und Kolding Å im Norden. Bis etwa 1500 wurden die Begriffe Schleswig und Süderjütland synonym verwendet. Danach setzte sich Schleswig als gebräuchlicherer Name durch, und erst mit dem aufkommenden Nationalismus im 19. Jahrhundert sagte man von dänischer Seite wieder bewusst Sønderjylland.

Ab etwa 1773 gehörte das Herzogtum Schleswig durch Personalunion zum dänischen Gesamtstaat unter König Christian VII. (1749–1808). Es war ein sogenanntes Lehen. Im Jahr 1864 ging es im Deutsch-Dänischen Krieg um die nationale Zugehörigkeit des Herzogtums Schleswig. Im 19. Jahrhundert gab es vielerorts den Wunsch nach Bildung einheitlicher Nationalstaaten, und so wurde Schleswig von beiden Mächten beansprucht: Auf der einen Seite wollte Dänemark das Gebiet verfassungsrechtlich stärker an sich binden; auf der anderen Seite bezog sich eine deutschgesinnte schleswig-holsteinische Bewegung auf die starke Verbindung der beiden Gebiete seit dem Spätmittelalter. Bei diesem Krieg trug die deutsche Seite den Sieg davon und ganz Schleswig-Holstein kam als Provinz zu Preußen.

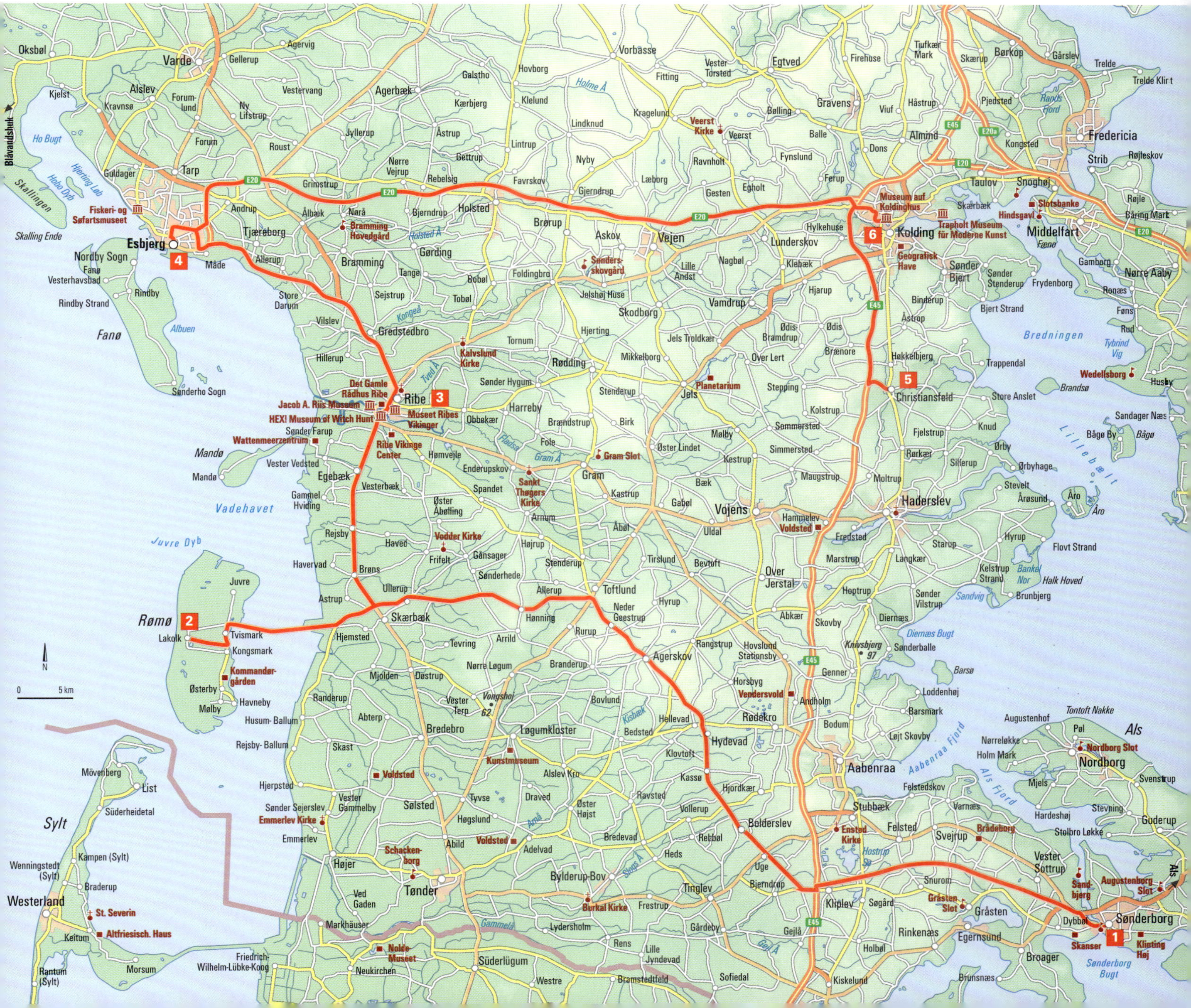

Mit Gründung des Hafens von Esbjerg (im Hintergrund der alte Wasserturm) wurde aus einer winzigen Siedlung eine lebendige Stadt.

Erst im Jahr 1920 – nach der deutschen Niederlage im Ersten Weltkrieg – wurde die Frage nach der nationalen Zugehörigkeit von Schleswig wieder aktuell. Infolge einer Volksabstimmung blieb der Süden des Landesteils bei Deutschland, während der Nordteil an Dänemark zurückfiel. Als Bezeichnung für Letzteren haben sich seitdem zwei Begriffe herausgebildet: Sønderjylland aus dänischer Perspektive und Nordschleswig aus der Sicht der deutschen Minderheit, die es dort immer noch gibt.

Zur Route

Über die Autobahn A7/E45 kommen wir nach Dänemark, fahren jedoch schon bei Kliplev ab und folgen der Nationalstraße 8 zum ersten Stopp: **1 Sønderborg** (auf Deutsch Sonderburg). Dort illustriert die Ausstellung auf dem Schloss die Geschichte der Region Süderjütland bzw. Nordschleswig. Mit diesem Grundwissen ausgestattet, können Urlauber die restlichen Sehenswürdigkeiten der Tour besser verstehen und Einblicke in Geschichte und Kultur höher schätzen.
Nach der Erkundung der Insel Als folgen wir der Nationalstraße 8 wieder nach Westen, legen vielleicht einen kurzen Zwischenstopp in Tønder ein und nehmen dann die Nationalstraße 11 bis Skærbæk. Dort zweigt die Landstraße 175 auf die **2 Insel Rømø** ab. Auf der Weiterfahrt nach **3 Ribe** halten wir unbedingt beim Besucherzentrum des Wattenmeers an. Dann geht es von Dänemarks ältester Stadt in eine der jüngsten: Die Hafenstadt **4 Esbjerg** nahm ihren Anfang erst im späteren 19. Jahrhundert. Mehrere Museen sowie Ausflugsziele in der Umgebung lohnen den Umweg.
Auf diese ausgiebige Erkundung der Westküste und ihrer Inseln durchqueren wir Südjütland über die Autobahn E20. An der Anschlussstelle 64 („Kolding Vest«) biegen wir auf die E45 ab, die uns in den historischen Ort **5 Christiansfeld** bringt. Diese Siedlung aus dem späten 18. Jahrhundert gehört zum UNESCO-Weltkulturerbe. Das letzte Etappenziel auf dieser Reise ist das etwa 20 Kilometer entfernte **6 Kolding** mit einer sehenswerten Burg, einer hübschen Altstadt und dem Koldingfjord ganz in der Nähe.
Diese Route ist als Auftakt zu einer längeren Dänemark-Rundreise konzipiert. In Kolding steht man quasi in den Startlöchern für die Route 10 (Nordjütland) oder 11 (Fünen). Die Tour funktioniert aber auch – leicht angepasst – für ein verlängertes Wochenende, nach dem man zum Ausgangspunkt zurückkehrt.

GASTSTÄTTEN & UNTERKÜNFTE

EINKEHREN

ISKONDITORIET (SØNDERBORG)
Nach der ersten Etappe im Auto kann man in dieser Eisdiele den Urlaub beginnen lassen. Mit Blick auf das Wasser schmeckt's besonders gut. Alle Sorten sind hausgemacht, außerdem gibt es Eistorten stückweise. Das Schloss liegt nur drei Gehminuten entfernt.
www.iskonditoriet.dk

QUEDENS GAARD (RIBE)
In Dänemarks ältester Stadt sollte man in einem Lokal mit Geschichte einkehren. Dieses Café bietet eine Alternative zu den klassischen Gaststätten. Es befindet sich in einem Haus von 1582 am Fluss Ribe Å und ist nach dem Mann benannt, der den ansässigen Kaufmannsladen im 19. Jahrhundert übernommen hatte. Bis heute gibt es neben Essen und Getränken handverlesene Designartikel und Wohnaccessoires.
www.quedensgaard.dk

FANØ KROGAARD (INSEL FANØ)
Das gehobene Gasthaus an der Bucht von Fanø heißt Gäste seit 1664 willkommen, wurde aber erst 2020 grundlegend renoviert. Man kann hier gut essen, außerdem gibt es 20 Gästezimmer zum Übernachten. Oft liegen Robben auf der Sandbank vor dem Hotel.
www.fanoekrogaard.dk

ØLANDS SURDEJSBAGERI (KOLDING)
Egal ob Hefeschnecke, Brownie-Muffin oder Spandauer – die süßen Kreationen des Bäckerduos Peder und Ryan sind eine Versuchung, der man unbedingt nachgeben sollte. Und mit dem knusprigen Sauerteigbrot ist das nächste Frühstück gerettet.
www.oelandsbageri.dk

ÜBERNACHTEN

ALS KLOSTER (SØNDERBORG)
Auf einem Gutshof, der 1989 bis 2001 als Kloster diente, ist heute ein gemütliches Gasthaus mit neun Zimmern untergebracht. Es versteht sich als Mischung aus urigem B&B und professionellem Hotel und ist beispielsweise ideal für einen romantischen Aufenthalt mit einer Wanderung auf dem Gendarmstien.
www.alskloster.dk

POPPELGAARDEN (INSEL RØMØ)
Diese gemütliche Pension bietet Gästezimmer auf einem alten Hof in Rømø Kirkeby. Die Hingabe der Gastgeber ist deutlich zu spüren: Von der selbst gemachten Marmelade beim Frühstück bis hin zum üppigen Kuchenbüfett (auch für Nichtgäste) hat jedes Detail einen persönlichen Touch.
www.poppelgaarden-romo.dk

HOTEL DAGMAR (RIBE)
Dieses traditionsreiche Gasthaus ist in einem Backsteingebäude von 1581 untergebracht und gilt als ältestes Hotel des Landes. Die Lage am Domplatz ist ideal, um abends noch einmal durch die Altstadt zu schlendern. Auch die zwei dazugehörigen Restaurants haben historisches Flair, vor allem der »Vægterkælderen«. Die Rundgänge durch Ribe mit dem namensgebenden Nachtwächter starten am Hotel.
www.hoteldagmar.dk

HOTEL KOLDINGFJORD (KOLDING)
Dieses Vier-Sterne-Hotel liegt am nördlichen Ufer des namensgebenden Fjords, und zwar in einem ehemaligen Sanatorium von 1911. Dank einer umfassenden Renovierung und der Nähe zum Wasser ist es eine geschätzte Unterkunft mit 132 individuell gestalteten Zimmern.
www.koldingfjord.dk

Im Hotel »Dagmar« in Ribe kann man gut übernachten und auch exzellent essen.

1

Ein interessanter Ort mit dänisch-deutscher Geschichte

SØNDERBORG

EIN SCHLOSS UND DEUTSCHE SPUREN

Im tiefsten Süden von Jütland macht sich die Geschichte der dänisch-deutschen Grenzregion immer wieder bemerkbar. Die Stadt Sønderborg – oder auf Deutsch Sonderburg – wartet außerdem mit einem sehenswerten Schloss auf.

Sønderborg liegt auf der Insel Als und erstreckt sich zu beiden Seiten der Meerenge Als Sund, wobei sich die Altstadt auf die Ostseite beschränkt. Die Stadt nahm ihren Anfang im Jahr 1256 mit der Errichtung einer Festung, die im 16. Jahrhundert zu einem stattlichen Renaissanceschloss heranwuchs und um 1720 eine Renovierung erfuhr. Heute beherbergen die historischen Gemäuer ein Museum über die dänische Geschichte aus regionaler Perspektive. Die Ausstellung »100 Jahre mit Dänemark – Süderjütland seit der Wiedervereinigung« berichtet, was sich seit 1920 in der Region getan hat. In jenem Jahr fiel die einst preußische Provinz Nordschleswig an Dänemark zurück.
Noch immer verzeichnet Sønderborg viele deutschsprachige Bewohner. Das deutsche Museum Nordschleswig erzählt die Geschichte der deutsch-dänischen Grenzregion und berichtet in einer modernen Ausstellung über die Kultur und Identität dieser Minderheit in Dänemark. 1946 wurde zudem die Zeitung *Der Nordschleswiger* gegründet, die heute aber nur noch in digitaler Form erscheint (www.nordschleswiger.dk).

TIPP

DIE SCHLÖSSERTOUR FORTSETZEN

Wie könnte man angenehmer und eindrucksvoller in die Geschichte eintauchen als in einem Schloss? In der Nähe von Sønderborg gibt es weitere Prachtbauten zu erkunden. Auf der Insel Als liegen die Schlösser Augustenborg und Nordenborg, die man jedoch nur von außen besichtigen kann. Das Schloss Gråsten auf dem Festland dient der Königsfamilie als Sommerresidenz, doch immerhin kann man den Garten und zu bestimmten Terminen auch die Schlosskirche besuchen. www.visitsonderborg.com

2

Mit dem Auto bis zum Meer? Das geht auf Rømø.

DIE INSEL RØMØ

AUSTERN UND WATTENMEER

Die dänische Wattenmeerinsel bietet eine Mischung aus Komfort und Überraschung, die viele Urlauber anzieht. Familien lieben den befahrbaren Strand, und Feinschmecker gehen in der Nebensaison Austern sammeln.

Die etwa 17 mal 6 Kilometer große Insel erreicht man entweder mit der Fähre ab Sylt oder über den neun Kilometer langen Römdamm vom dänischen Festland aus. An der Westseite liegt der älteste Urlaubsort der Insel: Lakolk. Wer dort eines der vielen Ferienhäuser bezieht, hat es nicht weit zum berühmten einen Kilometer breiten Sandstrand. Der Nachteil: Aufgrund des kompakten Untergrunds kann man den Strand mit dem Auto befahren.

Hätten Sie gewusst, dass im Wattenmeer Pazifische Austern in rauen Mengen vorkommen? Bei Ebbe werden die Austernbänke trockengelegt, und man kann mit Gummistiefeln hinauswaten und die Delikatessen einsammeln. Weil nur wenige in einen Eimer passen, bietet es sich an, ein Messer, Zitronen und eine Flasche Sekt mitzunehmen und sie gleich an Ort und Stelle zu schlemmen.

Im 17. und 18. Jahrhundert arbeiteten so gut wie alle Männer von Rømø auf holländischen und deutschen Walfangschiffen, die Grönland ansteuerten. Als erfahrene Seeleute wurden sie häufig mit dem Kommando betraut und brachten durch ihren hohen Lohn Wohlstand auf die Insel. Das Heimatmuseum Kommandørgården ist im vornehm eingerichteten Wohnhaus eines solchen Kapitäns eingerichtet.

TIPP

WUNDERLICHES WATTENMEER

Nördlich von Rømø informiert das Wattenmeerzentrum über das besondere Naturgebiet; nicht zuletzt über die zwölf Millionen Zugvögel, die sich dort niederlassen. Seit 2017 befindet es sich in einem modernen Gebäude, das dank Fassade und Dach aus Schilfrohr optisch mit dem Marschland verschmilzt. www.vadehavscentret.dk

DÄNEMARKS ÄLTESTE STADT

Ribe ist bereits im frühen 8. Jahrhundert als Markt- und Handelsplatz entstanden und gilt damit als älteste Stadt des Landes. Rund um den imposanten Dom steckt Geschichte in allen Ecken.

Als Ort mit 1300-jähriger Geschichte ist Ribe das richtige Ziel für alle, die sich für die Wikinger und das Mittelalter interessieren. Um das Jahr 700 gründeten die frühen Skandinavier diesen Handelsplatz auf einer Insel nahe der Mündung des Flusses Ribe Å in die Nordsee. Dorthin brachten friesische Kaufleute Glas, Edelsteine und Wein mit und kauften von den Einheimischen Bernstein, Pelze, Nutztiere und sogar Sklaven. Der Markplatz zog außerdem Handwerker an, und archäologische Funde legen nahe, dass in Ribe schon früh Schmiede, Bronzegießer, Schuhmacher, Bernsteinschleifer, Kamm- und Glasperlenmacher tätig waren.

3

↑ Die Darsteller im »Ribe VikingeCenter« pflegen traditionelles Handwerk in vielen Formen.
↙ Ribes Dom vereint mehrere Baustile, weil über Jahrhunderte daran gebaut wurde. Der Eintritt zu dem beeindruckenden Gotteshaus ist frei.

Gleich zwei Sehenswürdigkeiten berichten über die frühen Jahrhunderte, in denen die Siedlung am Wattenmeer zu einer – für ihre Zeit – bemerkenswerten Stadt anwuchs. Das Museum »Ribes Vikinger« veranschaulicht anhand von Originalfunden verschiedene Epochen eines Jahrtausends – von der namensgebenden Wikingerzeit über das Mittelalter und die Renaissance bis ins Jahr 1700.
Das interaktive Freilichtmuseum »Ribe VikingeCenter« betreibt seit 1992 experimentelle Archäologie. In mehreren originalgetreu nachgebauten Häusern werden handwerkliche und kulinarische Traditionen am Leben erhalten. Besonders während der Sommerferien füllt sich das Dorf mit Freiwilligen, die wie früher Waffen schmieden, Getreide mahlen, Met brauen, Bogen schießen und am kleinen Hafen Boote bauen. Und auf einem Hof wie von 980 »lebt« der Bauer im Langhaus und hält streichelzahme Tiere.

Vom Handelsplatz zum Heiligtum

Mit dem Austausch der Kaufleute kam auch das Christentum in den Norden: Der Benediktinermönch Ansgar von Bremen (801–865) – auch bekannt als »Apostel des Nordens« – etablierte um 855 das erste katholische Gotteshaus im heutigen Dänemark: den Vorgänger des Doms zu Ribe. Die ältesten Teile der Kirche stammen aus der Zeit zwischen 1150 und 1225, später wuchs sie auf ihre fünfschiffige Struktur an. Elemente im romanischen und gotischen Stil existieren nebeneinander. Der Eintritt ist frei; gegen ein kleines Aufgeld kann man das Dommuseum besichtigen und den 52 Meter hohen »Bürgerturm« besteigen.
Der imposante Sakralbau erinnert an ein geistliches und wirtschaftliches Zentrum des Mittelalters, doch die Blütezeit der etwa 5000-köpfigen Gemeinde endete mit der Durchsetzung der Reformation in Dänemark 1536: Die vier Klöster wurden geschlossen, der Handel fand neue Wege. Dadurch ist aber auch die Altstadt gut erhalten geblieben. Neben dem Besuch der Sehenswürdigkeiten lohnt es sich also, durch die malerischen, von Fachwerk- und Backsteinhäusern gesäumten Gassen zu schlendern und auch beim alten Rathaus (Gamle Rådhus) vorbeizuschauen. In der jüngeren Vergangenheit hat sich die Einwohnerzahl von Ribe bei etwa 8000 eingependelt.

TIPP

RIBE KUNSTMUSEUM

Das 1891 gegründete städtische Kunstmuseum ist in einer prachtvollen Gründerzeitvilla untergebracht und schon aufgrund der Architektur und des weitläufigen Gartens einen Abstecher wert. Im Inneren werden einschlägige Werke von dänischen Künstlern aus der Zeit zwischen 1750 und 1950 gezeigt. Unter anderem sind Bilder von Skagen-Malern dabei (s. Seite 157).
www.ribekunstmuseum.dk

WEITERE MUSEEN IN RIBE

Im schmucken Fachwerkhaus mit der Adresse Sortebrødregade 1 liegen zwei weitere Museen, die sich mit einem Kombiticket besuchen lassen. Das eine stellt den gebürtigen Riber Jacob August Riis (1849–1914) und seine Fotografien vor. Er war nach New York ausgewandert und dokumentierte als investigativer Journalist das Leben in den Slums. Während Präsident Roosevelt ihn als »nützlichsten Bürger« der Stadt lobte, ist er in der Heimat weitestgehend unbekannt. Im Hinterhaus liegt außerdem das Museum »Hex!«, das sich mit der Hexenverfolgung im 16. und 17. Jahrhundert beschäftigt. Dänemarks bekanntester Fall – die Verurteilung der Schneidersfrau Maren Spliids – spielte sich in Ribe ab.
www.jacobariismuseum.dk
www.hexmuseum.dk
www.vadehavskysten.de

4

Vier Kolosse
im kleinen Esbjerg

ESBJERG UND UMGEBUNG

MENSCHEN AM MEER

Mit knapp 72 000 Einwohnern ist Esbjerg die fünftgrößte Stadt Dänemarks, schaut allerdings auf eine vergleichsweise kurze Geschichte zurück: Noch 1867 lebten hier nur 23 Menschen in fünf Gebäuden. Mit der Gründung des Hafens kam Leben in den Ort.

Esbjergs Hafen wurde angelegt, um Vieh, Schinken und Butter nach England zu exportieren, und rasch wuchs die Siedlung an. Heute lohnt sich der Ausflug nach Esbjerg aufgrund mehrerer kultureller Sehenswürdigkeiten. Die größte Attraktion ist das 1968 eröffnete Fischerei- und Seefahrtsmuseum mit Aquarium und Robben (www.fimus.dk) – Dänemarks bedeutendstes Museum zum Thema Meer, das Kulturgeschichte und Naturwissenschaft vereint. Zudem gibt es ein Kunst- und ein kleines Museum über die Geschichte des Buchdrucks. Im Jahr 1994 wurde das 100. Jubiläum der Gemeinde mit einem monumentalen Kunstwerk gefeiert: Der »Mensch am Meer« besteht aus vier sitzenden, neun Meter hohen Männerfiguren aus weißem Beton.
Die Stadt ist außerdem ein praktischer Ausgangspunkt für weitere Erkundungstouren. In nur zwölf Minuten erreicht man per Fähre die Insel Fanø, die an Rømø erinnert. Ein 15 Kilometer langer Sandstrand bietet beste Voraussetzungen zum Baden, Surfen und Strandsegeln. Vom Hauptort Nordby mit dem Fährhafen fährt man eine Viertelstunde in die idyllische Ortschaft Sønderho im Süden. Dort starten geführte Ausflüge zur Sandbank, wo sich im Sommer Hunderte Kegelrobben und Seehunde sonnen.

TIPP

DÄNEMARKS WESTLICHSTER PUNKT
Von Esbjerg sind es etwa 40 Kilometer zum westlichsten Punkt des Landes: Blåvands Huk mit Badestrand und Leuchtturm. Der Blåvandshuk Fyr wurde 1899 errichtet. Nach 170 Treppenstufen hat man eine tolle Aussicht auf die Umgebung. Die Bunker der Tirpitz-Stellung stammen aus dem Zweiten Weltkrieg.
www.vardemuseerne.dk

5

Ein besonderes Dorf aus dem 18. Jahrhundert

CHRISTIANSFELD

DORF DER HERRNHUTER BRÜDER

Das Dorf Christiansfeld ist im späten 18. Jahrhundert unter außergewöhnlichen Umständen entstanden: als Siedlung von Anhängern einer pietistischen Glaubensbewegung. Dank seines guten Zustands zählt es zum UNESCO-Weltkulturerbe.

Es waren der Fleiß und das handwerkliche Geschick der Herrnhuter Brüdergemeine (wirklich Gemeine, nicht Gemeinde), die dem dänischen König Christian VII. bei einer Begegnung im Jahr 1768 auffielen. Außerdem hatte der Gründer der Bewegung, der sächsische Graf Zinzendorf (1700–1760), schon länger Kontakte zum dänischen Hof. Und so gab der Regent den Herrnhutern Platz für eine neue, eigene Siedlung auf seiner Domäne Tyrstrup, die damals zum Herzogtum Schleswig gehörte. Die Stadt wurde 1773 gegründet und aus Dankbarkeit »Christiansfeld« genannt.
Weil der Ort bewusst geplant wurde, weist er ein ungewöhnlich geschlossenes Stadtbild auf. Die Bürger errichteten ihre schlichten Häuser aus zumeist hellen Ziegeln auf einem rechtwinkligen Straßennetz nach barockem Vorbild. Als Hauptachse dient eine von Linden gesäumte Allee. Am zentralen Platz Grev Zinzendorf Plads findet man die schlichte Kirche (Salshuset). Die Herrnhuter Brüdergemeine ist bis heute aktiv – nicht nur in Christiansfeld, sondern mit einer Million Mitglieder in aller Welt.
Westlich des Ortes liegt die kleine Parkanlage Christinero. Dort haben Herrnhuter Missionare Samen und Setzlinge kultiviert, die sie von anderen Kontinenten mitgebracht hatten, und so eine kuriose Sammlung exotischer Bäume geschaffen.

TIPP

TYPISCHEN »HONIGKUCHEN« PROBIEREN

Die kulinarische Spezialität von Christiansfeld sind die sogenannten »Honningkager«. Diese Lebkuchen werden hier schon seit 1783 nach einem Rezept gebacken, das die Siedler aus ihrer Heimat mitbrachten. Man bekommt sie unter anderem im Honningkagehuset und im Brødrehusets Lille Honningcafé.

ZWEITE CHANCE FÜR EINE RUINE

Kolding hat mehr als 61 000 Einwohner und rangiert damit unter den zehn größten Städten Dänemarks. Die größte Attraktion ist das Schloss Koldinghus. Einst ruiniert, begeistert es Besucher heute mit seiner vorbildlichen Restaurierung und hochwertigen Sonderausstellungen.

Dank der geschützten Lage am Koldingfjord und der guten Verbindungen zu anderen Landesteilen konnten Handel und Export dort seit dem 12. Jahrhundert florieren. Außerdem war die Lage an der Grenze zum Herzogtum Schleswig, das sich im 13. Jahrhundert vom Königreich Dänemark gelöst hatte, von strategischer und wirtschaftlicher Bedeutung: Für die Überquerung des Flusses Kolding Å musste ein Zoll entrichtet werden.

Um die Mitte des 13. Jahrhunderts wurde auch die Burg Koldinghus zur Sicherung eben jener Grenze errichtet, und

6

zwar malerisch am See Slotsø. Frederik IV. (1671–1730) war der letzte König, der das Schloss ausbauen ließ. Nach seinem Tod verfiel es allmählich. Während der Napoleonischen Kriege waren spanische Soldaten auf Koldinghus einquartiert. Im kalten März 1808 heizten sie die Kamine so stark ein, dass ein Feuer ausbrach und den Bau in Schutt und Asche legte.

Schloss Koldinghus heute

Lange Zeit fehlte das Geld für den Wiederaufbau, sodass das Vorhaben größtenteils erst in den 1970er-Jahren umgesetzt werden konnte. Unter der Leitung der Architekten Inger und Johannes Exner ist eine Art Kapselgebäude entstanden, das die Ruine umschließt und 1991 eröffnet wurde. Seitdem zeigt sich das Schloss Koldinghus als Museum von Weltrang – mit seiner eigenen Ruine als bedeutendstem Ausstellungsgegenstand. Die Ruinenhalle erstreckt sich über vier Etagen und bringt Besucher über Treppen und Brücken ganz nah an die alte Bausubstanz heran, ohne in ihren Zustand einzugreifen.
Eine separate Ausstellung erzählt die etwa 750-jährige Geschichte des einst so bedeutenden Schlosses anhand von historischen Dokumenten, Bildern und Fragmenten. Daneben ist Platz für spannende Themenausstellungen zu anderen Aspekten des dänischen Königshauses, die regelmäßig wechseln. Außerdem können Besucher den Heroenturm besteigen und die Aussicht aus 75 Meter Höhe genießen. Zusammen mit den Schlössern Amalienborg und Rosenborg in Kopenhagen gehört Koldinghus zur »Königlichen Sammlung«.
Neben dem Schloss befindet sich der ehemalige Stallhof, der heute ebenfalls ein Museum beherbergt. Dort geht es um die Besatzung Koldings durch die Nationalsozialisten im Zweiten Weltkrieg. Ab 1943 war die dreiseitige Anlage eine von fünf Hauptquartieren der Gestapo in Dänemark. Aus dieser Zeit ist eine Gefängniszelle erhalten, die man besichtigen kann.
Zwischen dem Schloss und dem Fluss Kolding Å liegt die spazierfreundliche Altstadt mit ihrem historischen Straßennetz. Dort sind einzelne Bürgerhäuser aus dem 17. Jahrhundert erhalten geblieben, unter anderem das Fachwerkhaus mit der Adresse Helligkorsgade 18. Für Gartenfreunde lohnt sich außerdem ein Abstecher in den »Geografischen Garten«. Der botanische Garten ist nach Kontinenten und Ländern geordnet und umfasst etwa 2000 verschiedene Bäume und Büsche, 7000 Rosen und ein Kamelienhaus.

← Die Burg Koldinghus wurde im 13. Jahrhundert gegründet, um die Grenze zum Herzogtum Schleswig zu sichern. Heute ist sie ein gut besuchtes Museum.
↑ Um die Burg herum erstreckt sich ein Park mit interessanten Perspektiven.

TIPP

MUSEUM FÜR DESIGN & KUNSTGEWERBE
Kolding hat auch einen internationalen Ruf als Designstadt. Einerseits liegt dort eine der führenden Designakademien des Landes, andererseits gibt es östlich vom Zentrum das Trapholt-Museum für Kunstgewerbe, Möbeldesign und Gegenwartskunst zu besichtigen. Es überrascht mit einer unkonventionell präsentierten Ausstellung und seiner modernen Architektur.
www.trapholt.dk

STOPP IN FREDERICIA
Wer von Südjütland nach Fünen weiterfährt, kann unterwegs in Fredericia anhalten. Das städtische Museum (Fredericia Bymuseum) besteht aus mehreren historischen Gebäuden und illustriert die Geschichte der Stadt seit ihrer Gründung im Jahre 1650. Familien mit Kindern schätzen außerdem die »Ministadt« im Madsbypark: Fredericia anno 1849, nachgebaut im Maßstab eins zu zehn.
www.fredericiahistorie.dk
www.madsbyparken.dk

JÜTLAND – DER KULTURELLE NORDEN

Die nördliche Hälfte von Jütland lockt mit breiten Stränden und einer rauen Landschaft, die vielerorts von Dünen geprägt ist. Zahlreiche Künstler haben sich davon inspirieren lassen, allen voran die berühmten Skagen-Maler. Die dortigen Museen sowie auch die Städte Aarhus und Aalborg bieten Kultur vom Feinsten.

Unser Weg verläuft von Dänemarks zweitgrößter Stadt **1 Aarhus** an die Nordspitze des Landes. Dabei halten wir uns nahe dem östlichen Ufer auf. Auf die Eindrücke der quirligen Hafenstadt folgt sogleich Ruhe in der Natur: Der Landstraße 15 gen Osten folgend, erreichen wir den **2 Nationalpark Mols Bjerge**. Je nach verfügbarer Zeit beschränken wir uns auf den unverzichtbaren Spaziergang zur Ruine von Kalø, gönnen uns eine Wanderung oder besuchen ein paar regionale Sehenswürdigkeiten im charmanten Ebeltoft.

INFO

Start: Aarhus
Ziel: Skagen
Länge: ca. 330 Kilometer
Dauer: 4–5 Tage
Beste Reisezeit: Mai – September

Erfrischt von Wäldern und Wiesen steuern wir über die Landstraße 21 und die Autobahn E45 die traditionsreiche Handelsstadt **3 Aalborg** an. Am Weg liegen unter anderem das beeindruckende Elvis-Museum und der Mariagerfjord. Bei Aalborg endet genau genommen das jütländische Festland, denn der Limfjord schneidet den nördlichen Teil ab – und macht ihn zu Dänemarks zweitgrößter Insel namens Vendsyssel-Thy oder Nørrejyske Ø. Im Osten beginnt er als gleichmäßiger Wasserlauf, doch

Auf der Insel Læsø findet man originelle, mit Seetang gedeckte Häuser wie dieses.

0
10 km
N
NORDSEE
Skagerrak
Jammerbugten
Kattegat
Ålbæk Bugt
Læsø Rende
Ålborg Bugt
Århus Bugt
Tannis Bugt
Vigsø Bugt
Lim-fjorden
5
Skagen
Drachmanns Grav
Grenen
Skagens Museum
Versandete Kirche
Råbjerg Mile
Hirtshals
Nordsømuseet
Ørnereservatet
Ålbæk
Frederikshavn
Sæby
Sæbygård
Hjørring
Sandflugtsmuseum
Børglum-kloster
Museum for Papirkunst
Brønderslev
Hellum Kirke
Baggesvogn
Tingstedet
Knivholt
4
Færgeselskabet Læsø K/S
Hedvigs Hus
Vesterø Kirke
Læsø
Vesterø Havn
Dronninglund Slot
Dronninglund
Aistrup Kirke
Lindholm Høje
Koldmose Kirke
Hanstholmfæstningen
Hanstholm
Vildtreservat
Nationalpark Thy
Nordsøakvariet
Thisted
Tømmerby Kirke
Arup Kirke
Aggersborg
3
Aalborg
Gåser Kirke
Sebberkloster
Vitskøl Kloster
Rodstenen
Harring Kirke
Nykøbing Mors
Jesperhus Blomsterpark
Lindenborg
Nørlund
Visborggård
Testrup Kloster
Aars
Aalestrup
Hobro
Overgård
Gjessinggård
Verdenskort
Krabbesholm
Skive
Kås Hovedgård
Struer
Randrup Kirke
Tjele
Randers
Memphis Mansion
Viborg
Kalkgruber
Hald Slot
Holstebro
Vinding Kirke
Ilskov Kirke
Grathestenen
Krakamarken
Sjællebrostenen
Rosenholm
Frijsenborg Slot
Mejlgård
Løvenholm
Region Djursland
Katholm Hovedgård
Bjørnholm
Rugård
Grenaa
2
Nationalpark Mols Bjerge
Kalø Slotsruin
Fregatten Jylland
Ebeltoft
1
Aarhus
The Infinite Bridge
Moesgaard Museum
Herning
Silkeborg
Ikast
Christianshede Kirke
Brejninggård
Arnborg Kirke
Tyrsting Kirke
Nordby Kirke
Skjern
Tarm
Skanderborg
Odder
Helgenæs
E39
E45

Der Leuchtturm »Skagen fyr«, dahinter die letzten Meter bis zur Nordspitze von Dänemark

im Westen verbreitert er sich zu einem See mit vielen Armen und Buchten.

Urlaub an der Spitze

Der E45 weiter folgend, überqueren wir den Limfjord und stoßen in Frederikshavn wieder an die Küste. Dort legt die Fähre auf die **4 Insel Læsø** ab, auf die wir einen Tagesausflug unternehmen. Tickets kann man meistens spontan über die Webseite lösen, aber man sollte sich vorher überlegen, ob das Auto mit muss oder ob auch das Fahrrad ausreicht, denn diese Entscheidung wirkt sich auf das Urlaubsbudget aus.

Von Frederikshavn sind es noch 40 Kilometer bis ans Ziel dieser Route: **5 Skagen**, die nördlichste Stadt Dänemarks. Eine Künstlerkolonie des späten 19. Jahrhunderts hat den abgelegenen Ort weltbekannt gemacht, weil sie neue Motive suchte und diese mit einer bezaubernden Mischung aus rauer Landschaft und einfühlsamen Portraits einfing.

Vor der Kulisse der – im wahrsten Sinne des Wortes – malerischen Stränden von Jütland stehen wir vor der Entscheidung, wo es als Nächstes hingehen soll. In Frederikshavn und Hirtshals legen Fähren nach Norwegen und Schweden ab. So bietet sich an, mit der Route 3 von Göteborg nach Oslo (s. Seite 50) oder mit der Route 8 von Oslo nach Bergen (s. Seite 112) fortzufahren.

GASTSTÄTTEN & UNTERKÜNFTE

EINKEHREN

AARHUS STREET FOOD (AARHUS)
Das angesagteste Speiselokal der Stadt besteht aus 30 Ständen in einer bunten, sehr einladend gestalteten Halle. Dort findet jeder etwas Passendes, egal ob es Pizza, Fischspezialitäten, Burger oder indische Eintöpfe zum Aufwärmen sein dürfen.
aarhusstreetfood.com

PENNY LANE (AALBORG)
Ein süßes Wunderland im doppelten Sinn: Hier wird man nicht nur von leckeren Küchlein verwöhnt, sondern auch die Einrichtung ist fantasievoll mit einer willkommenen Dosis Kitsch.
www.pennylanecafe.dk

PRINSES JULIANA (AALBORG)
Am Ufer des Limfjords liegt dieses ehemalige Schulschiff von 1931 vor Anker, das heute als schwimmendes Restaurant dient. Die Speisekarte folgt den Jahreszeiten.
www.prinsesjuliana.dk

HUMMERENS HUS (LÆSØ)
Im Haus des Hummers werden Fisch und Meeresfrüchte selbstverständlich großgeschrieben. Die Spezialität der Insel (Kaisergranate oder »Jomfruhummer«) gibt es ganz oder als Suppe. Aber auch Lachs, vegetarische Alternativen und klassische Desserts stehen auf der Speisekarte.
www.hummerenshusrestaurant.dk

BLINK (SKAGEN)
Das Lokal mit nur 26 Plätzen liegt am Fuße des grauen Leuchtturms, und als Gast genießt man einen tollen Meerblick. Beim Essen setzen die Köche auf Gemüse und Fisch aus der Region.
www.blinkblinkblink.dk

ÜBERNACHTEN

HØRHAVEGÅRDEN B&B (AARHUS)
Das Landgut im Süden der Stadt (Jahrgang 1776!) ist vom Waldgebiet Marselisborgskovene umgeben und wird von Besuchern für seine Ruhe geschätzt. Auch zum Strand ist es nicht weit. Urlauber können moderne Ferienwohnungen im jütländischen Landhausstil mit Platz für zwei bis fünf Personen buchen.
www.hoerhavegaarden.dk

IBSENS GÅRD (EBELTOFT)
Auf einem Hof von 1903 nahe der örtlichen Kirche vermietet eine Familie sieben Gästezimmer mit persönlicher Note. Es gibt eine Gemeinschaftsküche, in der jedem Zimmer ein eigener Esstisch zugeteilt ist. Bei schönem Wetter öffnet das Café im Garten.
www.ibsensgaard.dk

KOMPAS (AALBORG)
Das funktionale Hotel mit modern eingerichteten Zimmern liegt nur wenige Meter vom Fjord entfernt, sodass einige Zimmer Wasserblick haben. Parkplätze werden gegen Aufpreis angeboten, und in zehn Minuten erreicht man die Altstadt zu Fuß.
www.kompashotel.dk

BRØNDUMS HOTEL (SKAGEN)
Wo würde man in der Wahlheimat der Skagen-Maler besser übernachten als in diesem altehrwürdigen Hotel, dessen Bar den Künstlern als Treffpunkt diente? Der Maler Michael Ancher (1849–1927) wohnte selbst vier Jahre lang dort und heiratete Anna, die Halbschwester des Inhabers, auch eine begnadete Malerin.
www.broendums-hotel.dk

Das Café »Penny Lane« in Aalborg verspricht – geschmacklich und optisch – süße Momente.

DÄNEMARKS SELBSTBEWUSSTE »SECOND CITY«

Mit etwa 283 000 Einwohnern (vergleichbar mit Wiesbaden) ist Aarhus die zweitgrößte Stadt Dänemarks, doch im Schatten von Kopenhagen steht sie keineswegs. Vielmehr präsentiert sie sich als facettenreiche Kultur- und Universitätsstadt mit eigenem Charakter, in der sich Alt und Neu bestens ergänzen.

Auch die lange Geschichte trägt zum Selbstbewusstsein der »Second City« bei: Ausgrabungen legen eine Gründung um das Jahr 770 nahe. Damit hängt Aarhus die große Schwester Kopenhagen, die mit einer Burg im 12. Jahrhundert begann, um Jahrhunderte ab. Der Name geht ursprünglich auf die Lage an einer Flussmündung zurück (å + ös).

Mit der alten Schreibweise »Aros« und dem lateinischen Wort für Kunst (Ars) spielt das sehenswerte Kunstmuseum ARoS. Es wurde zwar schon 1859 gegründet, befindet sich aber erst seit 2004 an seinem jetzigen Standort: in einem modernen, würfelförmigen Bau mit neun Etagen, die ein spiralförmiger Treppenturm verbindet. Seine Dauerausstel-

1

↑ Wie auf einem Gemälde wirkt so einiges im Freilichtmuseum »Den Gamle By«.
↙ »Your Rainbow Panorama« auf dem Dach des Kunstmuseums ARoS ist eine Schöpfung des dänisch-isländischen Künstlers Ólafur Elíasson (geb. 1967).

lungen beschäftigen sich mit dänischer Kunst seit dem 18. Jahrhundert. Unter anderem ist dem »Goldenen Zeitalter« ein Bereich gewidmet, jener Epoche kultureller Blüte zwischen 1800 und 1850, zu der die Maler Christoffer Wilhelm Eckersberg, Christen Købke und viele mehr beigetragen haben. Den zeitgenössischen Kontrapunkt hat Ólafur Elíasson (geb. 1967) mit dem begehbaren Tunnel »Your rainbow panorama« gesetzt, der sich auf der Dachterrasse befindet und von Weitem zu sehen ist.
Noch mehr Kunst gibt es im 2015 eingeweihten Kulturzentrum Dokk1 am Hafen zu sehen. Dort ist darüber hinaus die größte öffentliche Bibliothek in ganz Skandinavien untergebracht.
Der älteste Teil von Aarhus nennt sich Latinerkvarteret, seitdem Stadtarchitekten der Moderne Ähnlichkeiten mit dem Quartier Latin in Paris feststellten. Dort wandelt man durch schmale Gassen, die von historischen Stadthäusern gesäumt sind. Die ältesten Teile stammen aus dem 16. Jahrhundert. Viele Gaststätten und Geschäfte haben sich dort niedergelassen.
Nicht verwechseln sollte man diese Altstadt mit dem Freilichtmuseum »Den Gamle By«, also wortwörtlich »der alten Stadt«. Dieses liegt etwas abseits im westlichen Viertel Vesterbro. Es zeigt sich als entzückende Museumstadt mit eingerichteten Häusern aus mehreren Epochen. Ein Bereich erinnert an die Zeit vor der vorletzten Jahrhundertwende – so könnte es in Dänemark ausgesehen haben, als der Märchendichter Hans Christian Andersen (1805–1875) lebte. Ein Viertel würdigt das Stadtleben in den 1920er-Jahren, also nach der Industrialisierung. Und in den farbenfrohen Wohnungen der 1970er-Jahre kommt echte Nostalgie auf.

Sehenswerter grüner Süden

Im Süden von Aarhus liegt der historische Herrensitz Marselisborg mit einem gleichnamigen Naturgebiet (Marselisborgskov) und der Sommerresidenz des dänischen Königspaares (Marselisborg Slot). Das Innere des Schlosses ist der Öffentlichkeit zwar nicht zugänglich, doch wenn die Royals gerade nicht da sind, kann man sich (bei freiem Eintritt!) den Park mit zahlreichen Skulpturen ansehen.
Auch der Natur- und Tierpark (Marselisborg Dyrehave) verspricht kostenlose Zerstreuung im Freien, der sich vor allem für Familien mit Kindern lohnt. Auf 22 Hektar leben frei laufende Wildschweine sowie Rehe und Hirsche zweierlei Arten. Man kommt den Tieren ungewöhnlich nahe, vor allem mit ein paar Karotten in der Jackentasche.

TIPP

SKULPTUREN AM STRAND

Am langen Sandstrand von Marselisborg lässt es sich nicht nur herrlich baden, sondern es gibt auch einige außergewöhnliche Aussichts- und Fotopunkte. Der spektakulärste davon ist die »unendliche Brücke«: ein kreisförmiger, 188 Meter langer Steg, der vor dem Palais Varna ins Wasser ragt. Er ist 2015 im Rahmen der Ausstellung »Sculpture by the Sea« entstanden, von der in der Umgebung leider nur noch wenige Werke übrig sind.

MOESGAARD-MUSEUM

Im südlichen Vorort Højbjerg liegt dieses unglaubliche Museum über die frühe Menschheitsgeschichte. Das aus dem Boden hervorwachsende Gebäude mit dem begehbaren Dach verspricht schon von außen einen modernen Zugang. Im Inneren wird das Altertum mit Lichteffekten, unzähligen Exponaten und interaktiven Stationen greifbar gemacht.
www.moesgaardmuseum.dk

2

NATIONALPARK MOLS BJERGE

GUT ERSCHLOSSENES NATURGEBIET

Im Osten der jütländischen Halbinsel Djursland wurde 2009 dieser abwechslungsreiche, besucherfreundliche Nationalpark eingeweiht. Seit Jahrtausenden ist die Kulturlandschaft bewohnt, und Natur und Zivilisation existieren Seite an Seite.

Im Vergleich mit seinen Nachbarländern hat Dänemark sehr wenige Nationalparks: fünf an der Zahl, während Schweden mit rund 30 und Norwegen mit fast 50 auftrumpft. Deswegen sollte man die Gelegenheit nutzen, wenn man an einem vorbeikommt. Der Nationalpark Mols Bjerge misst 180 Quadratkilometer und besticht mit seiner landschaftlichen Vielfalt. Da gibt es weitläufige Wald-, Heide- und Grünlandflächen sowie Seen und Küstengebiete.

Oft merkt man gar nicht, dass man sich durch einen Nationalpark bewegt, denn es gibt viele Straßen und Ortschaf-

ten. Dementsprechend ausgeprägt ist auch die Infrastruktur mit Parkmöglichkeiten, Toiletten sowie Zelt- und Stellplätzen.
Über die namensgebenden Hügel zwischen den Buchten Kalø Vig und Ebeltoft Vig zieht sich der 60 Kilometer lange Wanderweg Mols-Bjerge-Stien. Von den drei Teilabschnitten mit je 20 Kilometern führt der mittlere – der Rundweg namens Berg-Etappe – durch das Herz des Nationalparks. Vor Ort gibt es detaillierte Karten in deutscher Sprache, die die Orientierung ungemein erleichtern.
Auf dem Pfad kann man trotz der Nähe zur Zivilisation einen ganzen Tag lang unterwegs sein, ohne eine einzige asphaltierte Straße zu überqueren. Der Rundweg zeigt Wanderern eines der reizvollsten und artenreichsten Naturgebiete Dänemarks. Er führt zu Aussichtspunkten mit Meerblick auf beiden Seiten, durch grüne Schluchten und vorbei an faszinierenden Mooren.
Der höchste Punkt ist Agri Bavnehøj (»Feuerhöhe«) mit 137 Metern über dem Meeresspiegel. Dort hat man nicht nur eine gute Aussicht, sondern steht auch genau in der Mitte von Dänemark. Als das Land in den 1930er-Jahren nach einem neuen System vermessen wurde, diente der Hügel sozusagen als Nullpunkt.
Wem die Zeit dazu fehlt, auf Schusters Rappen tief in den Nationalpark vorzudringen, sollte zumindest bis Rønde fahren und die Ruine Kalø Slot besuchen. Dazu geht man vom Parkplatz am Ufer über einen Damm, der bereits im Mittelalter angelegt wurde und heute Fußgängern vorbehalten ist, zu einer winzigen Küstenhalbinsel. Dort sind die Reste einer 1313 errichteten Burg zu sehen, auf der 1518 unter anderem der spätere schwedische König Gustav Vasa eingesperrt wurde.

Abstecher nach Ebeltoft

In einer geschützten Bucht im Osten des Nationalparks liegt die historische Handelssiedlung Ebeltoft. Schon die Wikinger legten dort mit ihren Booten an und ab. Zu den Sehenswürdigkeiten im Stadtkern mit den vielen Fachwerkhäusern zählen das alte Rathaus von 1789, die 1860 erbaute und begehbare Fregatte »Jylland« und die siamesische Sammlung, ein kurioses Völkerkundemuseum mit Mitbringseln aus dem heutigen Thailand.
Besonders gut besucht ist das Glasmuseum, das in einem ehemaligen Zollhaus von 1920 untergebracht ist. Dort bekommt man nicht nur dänische und internationale Glaskunst zu Gesicht, sondern kann auch im hauseigenen Café mit Meerblick entspannen.

↑ Der Nationalpark Mols Bjerge ist für Wanderer optimal erschlossen, man findet sich gut zurecht.
← Wer sich ein ganz besonderes Erlebnis wünscht, kann sich einem Ausritt anschließen. Mehrere Pferdehöfe nehmen auch Tagesbesucher mit.

TIPP

DJURSLAND – DIE »NASE VON JÜTLAND«

Der östliche Teil der Region um Aarhus hat besonders Familien so viel zu bieten, dass man den ganzen Urlaub dort verbringen könnte. Die Attraktion Nummer eins ist Djurs Sommerland, der größte Freizeitpark Skandinaviens. Ganz dem Meer zugewandt ist das Hafenstädtchen Grenaa, das mit dem Aquarium Kattegatcentret lockt. Dort legen außerdem Fähren auf die Insel Anholt und an die Strandküste der schwedischen Region Halland ab.
www.visitdjursland.de

EUROPAS EINZIGES ELVIS-MUSEUM

Eine gute halbe Fahrstunde nordwestlich vom Nationalpark liegt Memphis Mansion, ein Nachbau von Elvis Presleys Anwesen Graceland, akribisch angelegt von einem dänischen Superfan. Es birgt Europas einziges ständiges Museum über den King of Rock and Roll und erspart Fans die Reise nach Übersee.
www.memphismansion.dk

HAUPTSTADT VON NORDJÜTLAND

Aalborg ist Dänemarks viertgrößte Stadt, zählt etwa 120 000 Einwohner und liegt am Südufer des Limfjords, der quer durch Jütland verläuft. Aus einer Wikingersiedlung des 10. Jahrhunderts hat sich ein wichtiger Handelsposten mit einem kompakten, sehenswerten Stadtkern entwickelt.

Dieser kleinen Großstadt ist es gelungen, mit der Zeit zu gehen, ohne alte Kulturschätze zu opfern. Im historischen Stadtkern von Aalborg kann man sich herrlich treiben lassen. In den schmalen, kompakt bebauten Gassen sind Häuser aus dem 17. Jahrhundert erhalten. Zu dieser Zeit erlebte Aalborg dank der florierenden Heringsindustrie einen Aufschwung.

Gleichzeitig »lauert« der Modernismus hinter jeder Ecke, und man muss nur zwei Gassen weitergehen, bis man sich vor einem gewagten Bau aus den letzten Jahrzehnten wiederfindet. Wer sich für diese Art der Baukunst interessiert, darf das Utzon-Center nicht verpassen. Es ist das letzte Werk des dänischen Stararchitekturen Jørn Utzon (1918–2008), der unter anderem die berühmte Oper in Sydney gestaltet hat. Die Dauerausstellung »Utzon Gallery« stellt den Mann vor, den Kenner noch heute als den »Albert Einstein der Architektur« verehren.

Das Wikingermuseum an der historischen Grabstätte Lindholm Høje wirft einen Blick zurück in die frühesten Jahre von Aalborg. Der Hügel zählt zu Dänemarks auf-

3

schlussreichsten Denkmälern aus der späten Eisenzeit und der Wikingerzeit. Zahlreiche Steinsetzungen markieren rund 700 Feuerstellen. Wahrscheinlich wurden die ersten Menschen dort bereits um 400 n. Chr. bestattet. Das dazugehörige Museum zeigt zwei Ausstellungen: Die eine berichtet über das Leben der Wikinger auf Lindholm Høje, die andere betrachtet das restliche Gebiet um den Limfjord.

Ein historischer Streifzug durch das letzte Jahrtausend erwartet Geschichtsinteressierte im historischen Museum von Aalborg (Historiske Museum). Es wurde bereits 1863 gegründet, was es zu einem der ältesten Provinzmuseen des Landes macht. Seit dem späten 19. Jahrhundert befindet es sich im selben Gebäude. In dieser langen Zeit wurde eine ansehnliche Sammlung zusammengetragen, die besonders für ihre exquisiten Silber- und Glasgegenstände bekannt ist, sowie auch für Kleidungsstücke und Textilien vom 18. Jahrhundert bis in die Gegenwart. Von besonderem Interesse ist außerdem die Aalborgstuen von 1602. Dieser mit Holz getäfelte Raum gilt als das am besten erhaltene bürgerliche Renaissance-Interieur in ganz Dänemark.

Auch die Königsfamilie hat das Stadtbild von Aalborg geprägt: Zwischen dem Wasser und der Altstadt liegt das Fachwerkschloss Aalborghus aus dem 16. Jahrhundert. Die Räume sind zwar nicht zugänglich, weil sie als Büros genutzt werden, aber das besondere Gebäude ist auch von außen sehenswert. Außerdem stehen die Kasematten Besuchern im Sommer offen.

Aalborg zum Anhören

Aalborg ist auch eine Stadt der Musik. Für Konzerte auf hohem Niveau gibt es das 2014 eingeweihte Haus der Musik (Musikkens Hus) in einem spektakulären Bau. Der futuristische Komplex wurde übrigens von einem österreichischen Architekturbüro entworfen: dem Architekturbüro Coop Himmelb(l)au. Den Großteil des Jahres stehen fast täglich Veranstaltungen im Kalender, doch im Juli macht das Haus Sommerpause.

An den wärmsten Tagen des Jahres kann man stattdessen musikalische Untermalung im Freien genießen, und zwar unter den »singenden Bäumen« im Kildeparken. Dort haben seit den 1980er-Jahren berühmte Musiker Bäume gepflanzt, und neben jedem steht ein Lautsprecher, der auf Knopfdruck ein Lied abspielt. Zu den etwa hundert großen Namen, die sich auf diese kreative Weise in Aalborg verewigt haben, gehören Beyoncé, Bryan Adams und die Backstreet Boys.

↑ Das 2014 eröffnete »Haus der Musik« ist in einem wagemutigen Bau untergebracht.
← Die Wasserspiele am Toldbod-Platz markieren den Beginn der Fußgängerzone Østerågade mit zahlreichen Geschäften und Lokalen.

TIPP

RUND UM DEN LIMFJORD

Obwohl der Limfjord durch schmale Passagen mit der Nordsee und dem Kattegat verbunden ist, wirkt er mit seinen vielen Ausbuchtungen eher wie ein See. Flächenmäßig handelt es sich auch um das größte Binnengewässer des Landes. Westlich von Aalborg liegt das idyllische Städtchen Nibe, das einst für seine Heringsmärkte bekannt war. Und der Park von Jesperhus verzaubert (nicht nur) Gartenfreunde mit seiner halben Million Blumen, die in kunstvollen Formen angepflanzt sind.
www.visitnordjylland.de, nach »Limfjord« suchen

DER NATIONALPARK THY

Ganz im Westen des Limfjordgebiets erstreckt sich der Nationalpark Thy über einen gut 40 Kilometer langen Küstenabschnitt. Er wurde 2008 als erster von fünf dänischen Nationalparks eingeweiht und bedeckt eine Fläche von 244 Quadratkilometern. Unter dem Motto »Dänemarks größte Wildnis« hat er eine unberührte Dünenheidelandschaft, Kalksteilhänge mit besonderer Vegetation und etwa 200 saubere Seen vorzuweisen.
https://de.nationalparkthy.dk

4

Die Fähre auf die Insel Læsø geht mehrmals täglich.

DIE INSEL LÆSØ

SALZIGES VERGNÜGEN

Im nördlichen Kattegat liegt dieses etwa hundert Quadratkilometer große Eiland, das als Ziel für Tages- oder Wochenendausflüge geschätzt wird. Seine Besonderheit ist die Salzsiederei: Seit dem 12. Jahrhundert wird dort das wertvolle Würzmittel gewonnen.

Auf Læsø nutzten die Menschen schon im Mittelalter die guten Voraussetzungen zur Salzgewinnung. Die lokale Salzsiederei (Læsø Saltsyderi) führt die Tradition bis heute fort. Man sieht, wie das Salzwasser aus einem nahen Brunnen über Holzfeuer in Becken erhitzt wird, bis nur noch das Salz übrig bleibt. Das so entstandene Gewürz passt wunderbar zu den Meeresfrüchten, die auf Læsø fangfrisch in den Topf kommen. Vor allem Kaisergranate (»Jomfruhummer«) sollte man vor Ort probieren.

Auch im Heilbad Læsø Kur findet das Salz Anwendung. Dort entspannt man wortwörtlich in einem Wellnesstempel: Das Heilbad ist in einer ehemaligen Kirche eingerichtet.

Im Westen der Insel ist der Küste ein fünf Kilometer langes Sandriff namens Stokken vorgelagert. Wer dort zwischen Strandhaferbüscheln baden möchte, muss zunächst 50 Meter durch flaches Wasser waten. Auf dem Weg zum Parkplatz durchquert man weitläufiges Marschland.

Typisch für Læsø sind die mit Seegras bedeckten Häuser. Es wirkt, als würde das Material aus dem Haus hervorquellen. Besonders gut sieht man das architektonische Phänomen an Hedvigs Hus, das auch das Heimatmuseum beherbergt.

TIPP

MIT DER FÄHRE NACH LÆSØ

Die Reederei Læsøfærgen verbindet Frederikshavn täglich mit der kleinen Insel. In 90 Minuten ist man am Ziel. Die Preise: je nach Jahreszeit 50 oder 100 Euro/Richtung (Auto inkl. Passagiere), mit dem Rad 10 bzw. 20 Euro/Erwachsener plus 4 Euro/Rad; Kinder zahlen nur in der Hochsaison (11 Euro).
www.enjoynordjylland.de/laesoe und
www.laesoe-line.dk/de

Berührende Kunstwerke im Skagen-Museum

5

SKAGEN

HOHE KUNST AM MEER

Wo früher nur ein Fischerhafen war, findet man heute ein angesagtes Ferienresort, in dem Dänen wie ausländische Besucher die Sommerfrische suchen. Der Imagewandel geht auf eine Künstlerkolonie zurück, die im späten 19. Jahrhundert das besondere Licht einfangen wollte.

Die Skagen-Maler erlebten ihre Blütezeit in den 1880er-Jahren und gelten bis heute als Dänemarks bekannteste Künstlerkolonie. Sie bestanden aber nicht nur aus Dänen, sondern auch aus Schweden und Norwegern. Die zur Kolonie gehörenden Künstler teilten sowohl das Streben nach realistischen Ausdrucksformen als auch die Arbeitsbedingungen, und die sie umgebende Natur der Halbinsel bot ihnen ein Meer an neuen Motiven.

Das Skagen-Museum skizziert die Geschichte der Künstlerkolonie und zeigt zahlreiche Schlüsselwerke, unter anderem von P. S. Krøyer, Michael Ancher und Holger Drachmann. Die Abbildungen von Heideflächen, Dünen und stürmischen Strandszenen – in Kombination mit detailverliebten Portraits – haben einen besonderen Charme. Wie gut, dass man in zwei bedeutenden Künstlerheimen noch weiter in die Materie eintauchen kann: Drachmanns Hus und Anchers Hus bilden zusammen mit Skagens Museum ein sehenswertes Dreigestirn. Wer die inspirierende Landschaft und das besondere Licht mit eigenen Augen sehen möchte, fährt zur Nordspitze namens Grenen. Dort eröffnet sich hinter buschigem Heideland ein breiter, feiner Sandstrand. Von April bis Oktober fährt der originelle Bus »Sandormen« vom Parkplatz bis zur nördlichsten Spitze.

TIPP

DIE VERSANDETE KIRCHE

Kurz vor Skagen passiert man die weiß verputzte Laurentiuskirche aus dem 14. Jahrhundert. Sandflucht hat sie schon 1795 unbrauchbar gemacht, und seit der Schließung ist sie immer weiter eingesunken.

DIE DÄNISCHE GENUSSINSEL

Die etwa 3000 Quadratkilometer große Insel Fünen wartet mit einer lieblichen, typisch dänischen Landschaft auf. Zu ihren Reizen gehören breite Sandstrände, steile Klippen und üppige Grünflächen und Felder. Nicht umsonst gilt sie als Vorratskammer des Landes, und die Liebe zu Fünen geht definitiv auch durch den Magen.

Die Erkundung von Dänemarks drittgrößter Insel beginnt – von Jütland im Westen kommend – mit dem Überqueren der Meerenge namens Kleiner Belt. Das ist über zwei Brücken möglich: die alte Lillebæltsbro für Züge und Autos (Baujahr 1934) und die neue Autobahnbrücke von 1970. Beide enden in Middelfart. Erstere ist sogar für schwindelfreie Fußgänger zugänglich: Im Rahmen einer Führung mit Bridgewalking Lillebælt spaziert man am oberen Rand entlang und genießt eine einmalige Aussicht. Bodenständiger geht es im Keramikmuseum CLAY zu, das in den nordischen Ländern einmalig ist.

INFO

Start: Middelfart
Ziel: Insel Langeland/Spodsbjerg (dann Fähre nach Tårs auf Lolland)
Länge: ca. 230 Kilometer
Dauer: 3 Tage
Beste Reisezeit: Mai – Mitte August

Nach dem fakultativen Stopp in der unscheinbaren Stadt Middelfart mit den unzähligen zeitgenössischen Kunst- und Handwerksgalerien geht es über die Straße 317 (Middelfartvej) in den Norden von Fünen. Bei Harritslev mit dem privaten Renaissanceschloss Harridslevgaard Slot biegen wir links in die Straße 311 ab, die in den Küstenort **1 Bogense** führt (ca. 30 Kilometer).

Bei Middelfart überqueren zwei Brücken die Meerenge »kleiner Belt«. Diese ist die neuere von beiden.

Fyn
Odense
Middelfart
Fredericia
Bogense
Kerteminde
Nyborg
Faaborg
Svendborg
Assens
Kalundborg
Korsør
Nakskov
Lolland
Langeland
Rudkøbing
Ærø
Ærøskøbing
Marstal
Als
Nordborg
Sønderborg
Augustenborg
Kappeln
Lillebælt
Langelandsbælt
Alsenbælt
Flensburger Förde
Hindsholm
Helnæs
Tåsinge
Thurø
Lyø
Avernakø
Omø
Agersø
E20
Æbelø Fyr
Lindøgård Naturcamping
Gyldensteen Strand
Fiskehuset Bogense
Nordfyns Museet
Harridslevgaard Slot
Gyldenstuen
Egebjerggård
Hofmansgave
Scheelenborg
Hverringe
Jomfruhøj
Juelsberg
Nyborg Slot
Holckenhavn
Ravnholt
Møgelund
Dammestenen
Hesselagergård
Broholm
Voldsted
Naturama
Ørkild Slot
Valdemars Slot
Egeløkke
Tranekær Slot
Medicine gården
Egeskov Slot
Arreskov
Stensgård
Østrupgård
Faaborg Museet
Holstenshus
Ørtlevsdal Bisonfarm
Langesø
Erholm
Wedellsborg
De syv haver
Voldsted
Bridgewalking Lillebælt
Den Gamle Lillebæltsbro
Hindsgavl
CLAY Keramikmuseet
Kærsgård
Sortestenen
Lercheborg
Søby Volde
Kædeby Kirke
Frederiksdal
Peter Hausens Have
Nordborg Slot
Østerholm Slot
Augustenborg Slot
Sandbjerg
Skanser
Klinting Høj
Vibæk Mølle
Kegborg
1
2
3
4
5
N
0
5 km

Odense zeigt seinen Stolz für Ehrenbürger H. C. Andersen an jeder Ecke. Der Dichter ziert sogar die Ampeln.

Mit nassen Füßen auf die »Apfelinsel«

Nach dem Spaziergang durch die beschauliche Hafenstadt wird es Zeit für ein besonderes Erlebnis: die Wanderung auf die Insel **2** Æbelø bei Ebbe durch das flache Wasser. Dazu folgen wir der Straße 162 bis Vester Egense und fahren dort rechts über den Jersorevej, der später in den Lindøhoved übergeht, bis zum vorgesehenen Parkplatz kurz nach dem Naturcampingplatz Lindøgård. Am besten schon am Vortag einen Blick auf die Gezeitentabelle werfen, die im Internet (www.visitnordfyn.dk) zur Verfügung steht und die jeweiligen Niedrig- und Höchststände angibt. So lässt sich der Ausflug am besten planen. Beim niedrigsten Stand misst der Wasserpegel etwa 10 bis 15 Zentimeter, bei Höchststand etwas mehr als einen Meter. Das Wasser steigt und fällt allmählich, sodass es möglich ist, in der Zeitspanne von etwa zwei bis drei Stunden vor Ebbe bis zwei bis drei Stunden nach Ebbe zu gehen. Die vier Kilometer von der Halbinsel Lindøhoved nach Æbelø schafft man in rund 90 Minuten. Nachdem das Festland wieder erreicht ist und die Füße abgetrocknet sind, geht es weiter nach Odense. Der kürzeste Weg führt ab Vester Egense über die Landstraße 327 (ca. 30 Kilometer). Wer unterwegs den Bisonhof Ditlevsdal besuchen möchte, folgt der 327 bis Engeldrup; ab dort den Straßen Ormehøjvej, Rostrupvej (links), Tårnbjergvej und Ullerupvej (rechts) bis Søndersø und dann der 335 bis zum Tierpark. Nach Odense geht es dann ab Søndersø über die Straße 311 (insgesamt ca. 40 Kilometer).
Als drittgrößte Stadt Dänemarks – und Heimat von Hans Christian Andersen – hat **3 Odense** viel Kulturelles zu bieten. Ein ganzer Tag zum Erkunden sollte eingeplant werden, am besten umrahmt von zwei Übernachtungen. Ist das Angebot ausgeschöpft, geht die Reise weiter zum **4 Schloss Egeskov**. Die Fahrt ist denkbar einfach: Wir folgen der Autobahn 9 gen Süden, fahren bei Kværndrup ab und erreichen das Schloss nach etwa 30 Kilometern. Nun befinden wir uns im südlichen Teil von Fünen und nähern uns der Ostseeküste der Insel.

Archipel in der Ostsee

Auf dem Weg in den vorgelagerten Archipel, wo mehrere Inseln über befahrbare Brücken verbunden sind, streifen wir Svendborg, den Hauptort der Inselwelt. Dort bietet sich ein Spaziergang durch den Stadtkern an, und Familien schätzen das Naturkundemuseum Naturama. Wer sich hingegen mehr für Kunst interessiert, sollte über die Landstraße 44 den Abstecher nach Faaborg machen. Das örtliche Museum ist ein Gesamtkunstwerk zu Ehren der Fünen-Maler, einer Künstlerkolonie, die sich zu Beginn des 20. Jahrhunderts auf Fünen niederließ.
Von Svendborg aus setzen wir (der Autobahn 9 folgend) über die Svendborgsundbrücke auf die erste Insel Tåsinge über, durchqueren diese sowie das winzige Eiland Siø und finden uns (etwa 20 Minuten nach dem Start in Svendborg) auf der Insel Langeland wieder. Ihr Name ist Programm: Sie ist zwar nur elf Kilometer breit, aber stattliche 52 Kilometer lang. Kurz nach der Überfahrt zweigen wir bei Simmerbølle von der Autobahn ab und folgen der Landstraße 305 bis nach **5 Tranekær**. Mit der Begehung des dortigen Schlosses, einem Rundgang durch den botanischen Garten und einer Stärkung von der inselweit beliebten Bäckerei Stæhr's im nahen Tullebølle klingt diese Route aus. Am Hafen von Spodsbjerg nehmen wir die Fähre nach Tårs und setzen den Roadtrip in Richtung Seeland fort.

GASTSTÄTTEN & UNTERKÜNFTE

EINKEHREN

RESTAURANT MAST (MIDDELFART)

Französisch inspiriertes Restaurant am Kleinen Belt, wo die Fische fangfrisch in Topf und Pfanne kommen. Der Blick auf den Hafen ist einen Abstecher wert, und bei schönem Wetter kann man draußen auf der Terrasse sitzen.
www.restaurantmast.dk

FISKEHUSET (BOGENSE)

Das üppige Büfett im »Fischhaus« ist Kult: Je nach Jahreszeit und Fang des Tages variieren die Gerichte. Auch die Preise sind für dänische Verhältnisse unschlagbar (mittags ca. 26 Euro, abends ca. 33 Euro). Geöffnet am Wochenende von April bis Oktober und von Anfang Juli bis Mitte August außerdem täglich.
www.fiskehuset-bogense.dk

DAMPSKIBSHUSET (BOGENSE)

Die Spitze des Piers Østmolen ist eine ideale Location für Smørrebrød, Moules-frîtes oder einen ausgedehnten Brunch am Wochenende. Wer sich nur mit einer Kleinigkeit stärken möchte, bevor es beim nahen Badehaus ins Wasser geht, hat auch die Wahl zwischen Kuchen und hausgemachtem Eis.
www.dampskibshuset.dk

CAFÉ FLEURI (ODENSE)

Im alten Viertel um die Nørregade liegt dieses besondere Café, das den dänischen Hygge-Trend auf glaubhafte Weise verkörpert. Ein grüner Hinterhof, die rustikale Einrichtung und gesunde Gerichte für jede Tageszeit machen es zu einem unverzichtbaren Stopp.
www.fleuri.dk

FALSLED KRO (MILLINGE)

Dieser Gourmettempel liegt zwar nicht an der Route, ist unter Kennern aber einen Ausflug wert. Vor wenigen Jahrzehnten begann dort gewissermaßen die Wende hin zur lokal orientierten nordischen Küche auf hohem Niveau. Es gibt auch Gästezimmer.
www.falsledkro.dk

STÆHR'S BAGERI (TRANEKÆR)

Für Einheimische wie Urlauber gilt die Traditionsbäckerei als beste der Insel. Neben Brot und Brötchen gibt es süße Teilchen und Sandwiches und eine große Auswahl für so einen kleinen Laden. Frühaufsteher können im Sommer täglich ab 6.30 Uhr Leckeres fürs Frühstück holen.
www.staehrsbageri.dk

ÜBERNACHTEN

LUNDS HOTEL (BOGENSE)

Dänemarks kleinstes Badehotel liegt am beschaulichen alten Hafen und in der Nähe einer neuen Badestelle. Die sechs hellen Doppelzimmer haben Blick auf das Meer oder den Garten. Als Gast kann man übrigens gratis parken und saunieren.
www.lundshotel.dk

COMWELL H. C. ANDERSEN DOLCE BY WYNDHAM (ODENSE)

Das moderne Hotel hat die beste Lage, um in Odense auf den Spuren von Dänemarks bekanntestem Dichter Hans Christian Andersen zu wandeln. Gleich am Eingang wird man von einer einladenden Statue begrüßt.
www.wyndhamhotels.com

KRAGSBJERGGAARD (ODENSE)

Zwei Kilometer südlich von der Stadt bietet ein Herrenhaus von 1747 frisch renovierte Gästezimmer mit Charakter und ländlichem Charme. Man parkt kostenlos, kann Fahrräder mieten und hat einen kleinen Wald vor der Haustür.
www.kragsbjerggaard.com

HOTEL TROENSE (SVENDBORG)

Das Örtchen Troense auf der Insel Tåsinge ist pure Küstenidylle: Auf der einen Seite eröffnet sich die Meerenge Svendborgsund, auf der anderen Seite breiten sich gemütliche Gassen mit Fachwerkhäusern aus.
www.hoteltroense.dk

Das »Fiskehuset« in Bogense serviert ein üppiges Büfett mit Fisch und Meeresfrüchten.

Meerluft schnuppern
in Bogense

1

BOGENSE

MARITIM ENTSPANNEN

Die gut 4000 Einwohner große Kleinstadt am Kattegat hat so ziemlich alles, was man für einen Urlaub an der dänischen Küste braucht: einen hübschen Stadtkern, nette Lokale, die größte Marina der Insel und viele Ferienhäuser.

Eines der ältesten Fachwerkhäuser (von 1543) beherbergt den Gasthof Erik Menved Kro. Er wurde nach dem dänischen König Erik VI. Menved benannt, der Bogense 1288 das Marktrecht verlieh – ein wichtiges Privileg für die Wirtschaft. Im Mittelalter war es eine ansehnliche Ortschaft, die während des 20. Jahrhunderts hauptsächlich als Exporthafen für Landwirtschaftsprodukte fungierte. Die kleine Industrie umfasste eine Gießerei und eine mechanische Werkstatt. Heute hat Bogense als Verwaltungssitz der Gemeinde Nordfyn administrative Bedeutung, ist aber vielmehr als Urlaubsort im Sommer bekannt. Der Jachthafen ist der größte der Insel, zudem gibt es viele Ferienhäuser. Man muss aber nicht in Bogense übernachten, um die fast festliche Stimmung in den Gassen und Gasthäusern auf sich wirken zu lassen. Auch an einem halben Tag schafft man einen Spaziergang durch den Stadtkern, der mit vielen Fachwerkhäusern aufwartet. Der 1420 erbaute Bryggergården mit Kellerfragmenten aus dem 13. Jahrhundert gilt als ältestes Haus von Nordfünen. Der ehemalige »Nachtwächterpfad« folgt dem Bach durchs Grüne. Und das örtliche Heimatmuseum (Nordfyns Museum) wirft Schlaglichter auf die Geschichte des Landstrichs.

TIPP

HARRIDSLEVGAARD SLOT

Auf Fünen gibt es 123 Schlösser und Herrenhäuser, von denen heute allerdings viele in Privatbesitz sind. Das Schloss Harridslevgaard von 1606 ist das einzige im Norden von Fünen, das Besuchern offensteht. Die Renaissance-Burg birgt unter anderem einen 400 Quadratmeter großen Rittersaal und mittelalterliche Gewölbe.
www.harridslevgaard.dk

2

Der Weg ist kurz,
aber nicht einfach.

ÆBELØ

NASSE WANDERUNG FÜR WARME TAGE

Die »Apfelinsel« liegt fernab der großen Attraktionen im nordfünischen Wattenmeer. Abhängig von den Gezeiten ist das Wasser dort wenige Zentimeter bis einen Meter hoch. Wer bei Ebbe hinüberspaziert, erlebt eine einmalige Wanderung, die in Skandinavien ihresgleichen sucht.

Um Æbelø zu erkunden, ist etwas Planung nötig. Die erste Voraussetzung ist der Blick auf die Gezeitentabelle (siehe www.visitnordfyn.dk). Die Zeit der Ebbe entspricht dem niedrigsten Stand: Dann ist das Wasser etwa 10 bis 15 Zentimeter hoch. Im Zeitfenster von drei Stunden vor und nach dieser Uhrzeit wird die Wanderung empfohlen. Der zweite Schritt in der Vorbereitung ist das Einpacken von Wasserflasche und Proviant, denn vor Ort gibt es keine Gaststätten oder andere Serviceeinrichtungen.

Der Parkplatz auf der Halbinsel Lindøhoved ist der Startpunkt. Von dort sind es etwa eineinhalb Kilometer bis Æbeløholm. Über einen schmalen Streifen geht es weitere 2,5 Kilometer auf die deutlich größere und bewaldete Insel Æbelø. An ihrer Nordspitze erhebt sich ein 18 Meter hoher Leuchtturm, der zusammen mit dem Strib Fyr bei Middelfart den Weg zum Kleinen Belt weisen soll.

Am Waldrand befindet sich der historische Gutshof Æbeløgaard mit Teilen aus der Zeit um 1680. Bis in die 1960er-Jahre lebten mehrere Familien auf der Insel, die als Weideland genutzt wurde und zeitweise sogar eine eigene Schule hatte.

TIPP

GYLDENSTEEN STRAND

Dieselbe Umweltstiftung hat 2011 das Naturgebiet Gyldensteen Strand gekauft und renaturiert. Dafür wurde trockengelegtes Land durch die Entfernung von Dämmen wieder überflutet. Es gibt Seen, Lagunen, Meerblick, breite Spazierwege, eine überdachte Picknickstelle und Vogeltürme mit herrlicher Aussicht. www.visitnordfyn.de

DIE STADT DER MÄRCHEN

In Odense ist die Erinnerung an den weltberühmten Märchendichter Hans Christian Andersen allgegenwärtig. Bewahrte Straßenzüge aus seiner Zeit und ein beschauliches Freilichtmuseum ermöglichen eine Zeitreise ins 19. Jahrhundert.

Dänemarks drittgrößte Stadt zählt gleichzeitig zu den ältesten des Landes: Schon 988 wurde sie schriftlich erwähnt. Ihr damaliger Name bedeutete so viel wie »Odins Heiligtum«, später wurde sie in »Odins Insel« umbenannt. Im Mittelalter war Odense (ausgesprochen »ó'nse«), am Fluss Odense Å gelegen, ein blühendes Handelszentrum und hatte als Bischofssitz auch religiöse Bedeutung. Der St.-Knuds-Dom aus dem 14. Jahrhundert, dessen Fundamente bereits aus dem 11. Jahrhundert stammen, zählt zu Dänemarks prächtigsten Sakralbauten im gotischen Stil.

Der Kanal, der die Stadt mit dem Meer verbindet, wurde 1803 angelegt, wodurch die Industrialisierung Fahrt aufnahm und Odense gleichzeitig eine wichtige Hafenstadt wurde. Zur gleichen Zeit wurde der berühmteste Sohn der Stadt geboren: der Schriftsteller Hans Christian Andersen (1805–1875). Seine Märchen wurden in rund 130 Sprachen über-

3

↑ Der berühmte Märchendichter H. C. Andersen wuchs in bescheidenen Verhältnissen auf.
↙ Erst 2021 hat das neue, interaktive Andersen-Museum eröffnet. Ein Audioguide führt durch verschiedene Themen und Bereiche seines Lebens und Werks.

setzt. Damit sind sie unter den Top 10 der am meisten übersetzten literarischen Werke aller Zeiten.

Odense wie zu Andersens Zeiten

Vieles in Odense erinnert an den weltbekannten Autor. Oder andersherum: Mit ihren krummen Gassen, den bescheidenen Häusern, dem Fluss, dem Zuchthaus, dem Theater und den Menschen, denen Andersen als Kind begegnete, hat die Stadt auch sein Leben und Werk geprägt. Östlich vom Stadtzentrum ist ein ganzes Viertel aus seiner Zeit erhalten. Dort stehen unter anderem das Geburtshaus (Hans Jensens Stræde 45) und das Elternhaus (Munkemøllestræde 3), wo er im Alter von zwei bis 14 Jahren wohnte. In dem gelben Fachwerkhaus sind die Wohnräume nachgebildet, die keinen Zweifel daran lassen, dass der gefeierte Literat als Sohn eines armen Schusters ganz bescheiden aufgewachsen ist; er besuchte sogar die Armenschule (Ecke Paaskestræde/Adelgade). Trotzdem wurde hier der Grundstein für seine lebenslange Fantasie gelegt, die Werke wie »Die kleine Meerjungfrau« und »Des Kaisers neue Kleider« hervorbrachte.
Südlich vom Fluss und der Innenstadt liegt das Freilichtmuseum Den Fynske Landsby. Es erinnert ebenfalls an die Zeit vor der Industrialisierung, allerdings auf dem Land und nicht in der Stadt. Dort sind rund 25 ländliche Gebäude zu sehen, die von der ganzen Insel Fünen zusammengetragen wurden. Handwerker und Haustiere hauchen dem historischen Dorf Leben ein. Etwas Besonderes ist das urig-elegante Restaurant Sortebro Kro, das sich am Eingang befindet und unabhängig vom Museum offen hat. Auch dieses Gebäude stammt von 1805 und blickt auf zwei Jahrhunderte als Gasthaus zurück.

Zurück in die Gegenwart

Natürlich blickt Odense nicht nur zurück in die Vergangenheit, im Gegenteil: Die neueren Teile der Stadt sind ständig in Veränderung. Ein kreatives Zentrum bildet das ehemalige Industrieviertel Brandts Klædefabrik: Wo früher Textilien gefärbt wurden, bilden heute ein renommiertes Kunstmuseum, originelle Geschäfte und angesagte Speiselokale eine attraktive »Stadt in der Stadt«.
Und in der Nähe von Andersens Geburtshaus hat 2021 ein neues Museum (H. C. Andersens Hus) eröffnet, das beweist, wie relevant und aktuell die Märchen nach fast 200 Jahren immer noch sind. Die moderne Architektur des Japaners Kengo Kuma setzt das literarische Universum des Märchendichters zeitgemäß und interaktiv in Szene.

TIPP

WIKINGERMUSEUM LADBY

Etwa 20 Kilometer östlich von Odense liegt ein Museum, das die Geschichte der frühen Skandinavier beleuchtet. Es basiert auf dem Grab eines 925 in seinem Kriegsschiiff bestatteten Wikingerkönigs. Nirgendwo sonst in Dänemark hat man bisher eine vergleichbare Stätte gefunden. Drum herum gibt es informative Ausstellungen, eine Rekonstruktion des Schiffes sowie Aktivitäten für Groß und Klein.
www.vikingemuseetladby.dk

KERTEMINDE

Nur fünf Kilometer vom Wikingermuseum Ladby entfernt erreicht man das hübsche Hafenstädtchen Kerteminde. Der Stadtkern umgibt die Laurentiuskirche aus dem 15. Jahrhundert. Besonders Familien schätzen das Erlebnis- und Forschungszentrum Fjord & Bælt, das sich auf Meeressäuger konzentriert. Man kann der Fütterung von Schweinswalen beiwohnen und durch einen verglasten Tunnel in die Tiefen des Wassers vordringen.
www.fjordbaelt.dk und
www.visitkerteminde.de

DITLEVSDAL BISONFARM

Apropos Tiere: Westlich von Odense liegt Europas größter Bisonpark. Im Restaurant kann man sogar kosten, wie das Fleisch der Wildrinder schmeckt.
www.ditlevsdal.dk

4

Auf Fünen gibt es ganze 123 Schlösser und Herrenhäuser.

SCHLOSS EGESKOV

NAH AM WASSER GEBAUT

Das eindrucksvolle Wasserschloss aus der Mitte des 16. Jahrhunderts zählt zu Dänemarks beliebtesten Sehenswürdigkeiten. Es beeindruckt von innen wie von außen. Drum herum erstreckt sich ein weitläufiger Park, der einst zur schönsten historischen Gartenanlage Europas gekürt wurde.

Der Name des Schlosses bedeutet »Eichenwald«. Es steht im Wasser auf einem Fundament aus Eichenholz, das so massiv gebaut wurde, dass dafür angeblich ein ganzer Wald gefällt werden musste. Das sagenhafte Bauwerk wurde ursprünglich als Verteidigungsanlage errichtet. Im Baustil treffen Spätgotik und Renaissance aufeinander.

Das Innere des Schlosses wartet mit einigen feinen Räumen voller historischer Möbel und Gemälde auf. Eine Halle beherbergt außerdem exotische Jagdtrophäen aus mehreren afrikanischen Ländern. Einige Räume zeigen Sonderausstellungen, etwa mit historischem Spielzeug und einer von Hans Christian Andersen entworfenen Anziehpuppe sowie dem atemberaubenden englischen Puppenhaus Titanias Palast von 1922.

Neben dem Schloss beherbergen weitere Gebäude ganz unterschiedliche Museen. Da gibt es die Oldtimer-Sammlung mit 50 restaurierten Fahrzeugen aus dem Laufe eines Jahrhunderts. Im ehemaligen Pferdestall geht es um »Mensch und Technik«, während im historischen Kaufmannsladen Nostalgie aufkommt. Erst 2021 wurde Europas erstes Campingmuseum eröffnet. Zur Zeit des Vanlife-Trends macht das Inspizieren kultiger Busse und altmodischer Zelte besonders viel Spaß.

TIPP

SVENDBORG

Auf dem Weg in die Inselwelt bietet sich ein Stopp in Svendborg an, und sei es nur, um am Hafen bei Bella Italia eine üppig belegte Pizza zu essen. Auch das zoologische Museum Naturama ist sehenswert.
www.naturama.dk

5

Der botanische Garten beim Schloss

TRANEKÆR

DIE BESONDERE SCHLOSS-SIEDLUNG

In der nördlichen Hälfte der länglichen Ferieninsel Langeland liegt das Dorf Tranekær, das nach einem Schloss mit mittelalterlichem Ursprung benannt ist. Ihre heutige Form nahm die Siedlung aber erst im frühen 19. Jahrhundert an.

Als Residenz der Grafschaft Langeland war Tranekær über Jahrhunderte das Machtzentrum der Insel, und die Liste der Schlossherren – überwiegend Lehnsgrafen – ist lang. Einer hat den Ort besonders stark geprägt: Frederik »der General« Ahlefeldt-Laurvig (1760–1832). Weil er ein Dorf wollte, das an ein deutsches Fürstentum erinnerte, entstanden südlich vom Schloss allerlei Gebäude, unter anderem eine Zuckerfabrik, ein Sattlerbetrieb und ein Kindergarten. Und im markanten Hühnerstall (Botofte Strandvej 4) mit kleinen Hühnerstatuen auf den verlängerten Eckpfeilern kann man heute übernachten.

Das Schloss selbst gehört dem Grafenpaar Mette und Christian Ahlefeldt-Laurvig, die das Anwesen und die Ländereien mit Leben füllen. Regelmäßig werden Führungen durch die Innenräume angeboten (im Sommer bis zu viermal pro Woche). Auch Fasanjagden sind möglich, und die Gräfin keltert ihren eigenen Kirschwein.

Das Schloss ist von einem See und üppigen Grünflächen umgeben. Es gibt einen botanischen Garten und einen Schlosspark im englischen Stil. Dort sind sogenannte Landart-Skulpturen in die Landschaft gestreut, die optisch mit der Umgebung harmonieren. Auch die gotische Kirche von 1450 und die holländische Windmühle sind sehenswert.

TIPP

HERRSCHAFTLICH SPEISEN

Im ehemaligen Pferdestall von 1800, der direkt vor dem Schloss liegt, ist heute das Restaurant Generalen untergebracht. Die ausgedienten Boxen dienen als gemütliche Abteile für die einzelnen Tische. Die Gastgeber vermieten auch Ferienwohnungen in Tranekær. www.pichardts.dk

INSEL DER SCHÖNEN DINGE

Ihrer fruchtbaren Erde verdankt Fünen nicht nur den Spitznamen »Speisekammer Dänemarks«, sondern auch die vielen Schlösser: Wegen der ertragreichen Landwirtschaft haben sich Gutsherren dort niedergelassen. Heute geben passionierte Landwirte, Winzer und Braumeister den Ton an. Außerdem werden Handwerkstraditionen gepflegt.

Fünen ist eine Insel des Genusses auf entspannte skandinavische Art. Dänemarks fruchtbarste Region bringt hochwertige Zutaten hervor und trägt so maßgeblich zum internationalen Erfolg der neuen nordischen Küche bei. Vom gehobenen Restaurant bis zum urigen Hofladen ist alles dabei. Feinschmecker sollten beim Herumfahren nach Landgasthöfen mit dem Beinamen »Kro« Ausschau halten, die oft seit Jahrhunderten an alten Verkehrswegen und historischen Orten liegen und das kulinarische Erbe hingebungsvoll pflegen.

In Odense findet am Platz Sortebrødre Torv zweimal wöchentlich (mittwochs und samstags) ein Markt statt. Auch die Städte Svendborg, Middelfart und Ringe haben wöchentliche Markttage. Und das Gut Erholm in Aarup versammelt jeden Samstagvormittag die besten Lebensmittelproduzenten der Insel in seinen historischen Gemäuern.
Neben Obst, Gemüse und Blumen sind auf den Märkten auch fangfrischer Fisch sowie Käsespezialitäten im Angebot, darunter der typisch fünische Räucherkäse (fynsk rygeost).

← Keramik in modernem und traditionellem Design ist ein beliebtes Mitbringsel von der Insel Fünen.
↙ Ein idyllisches Juwel – das Hesselagergaard Gutshaus auf Fünen
↓ Der Rygeost, hier ein Produkt der Gundestrup Mejeri og Bryghus, ist ein Sauermilchkäse mit delikater Rauchnote.

Als einziger dänischer Käse ist er nicht von ausländischen Sorten inspiriert, sondern stammt wirklich von der Insel und wurde im 19. Jahrhundert auf vielen Bauernhöfen hergestellt. Eine weitere lokale Delikatesse ist der simple Brunsviger-Kuchen aus Hefeteig mit einer großzügigen Kruste aus Butter und Zucker. Am authentischsten werden die Köstlichkeiten auf Geschirr von regionalen Töpfereien serviert.
Als Land mit Unmengen an Ton hat Dänemark eine lange Keramikgeschichte, die bis zu den Wikingern zurückreicht. Manufakturen wie Royal Copenhagen förderten die Kreativität (vor allem von Frauen), indem sie Künstlerinnen als Gestalterinnen anstellten und ihnen Ateliers zur Verfügung stellten. Die Begeisterung für die Arts-and-Crafts-Bewegung des frühen 20. Jahrhunderts begünstigte zudem die Gründung unabhängiger Ateliers. Es gibt immer noch viele kleine Keramikwerkstätten und Handwerksläden, unter anderem die Galerie Øst im nordfünischen Bogense.

Wertvolle Tropfen aus dem Norden

Es sind aber nicht nur die Speisen, die Genießer bei Fünen aufhorchen lassen, sondern auch die Getränke. Die Insel beheimatet acht Weingüter und etwa ein Dutzend Brauereien. Unter den Suchbegriffen »Weinroute« und »Bierroute« findet man auf der Webseite von VisitFyn interaktive Karten mit den jeweiligen Adressen.
An der Strecke in diesem Kapitel liegen zwei Weingüter im Süden der Insel: Svendborg Vingaard und Skaarupøre Vingaard. Beide haben einen Hofladen und bieten auch Weingutführungen und Verkostungen an. Bereits seit dem Jahr 2000 ist Dänemark ein offizielles, von der EU anerkanntes Weinbauland und damit eines von Europas nördlichsten Anbaugebieten. Neben Fünen wird auch in den Regionen Jütland, Seeland und Bornholm gekeltert. Die am weitesten verbreitete Rebsorte ist Solaris, die dem kühlen Klima besonders gut standhält.
Wenn es um Bier geht, haben Neugierige noch mehr Auswahl. Dänemark ist schon lange ein Bierland, und in Odense zeigen die Mikrobrauereien Anarkist und Flakhaven, was in Sachen Craftbier gerade angesagt ist. Etwas weiter südlich, in der Mitte der Insel, liegt das passend benannte Midtfyns Bryghus. Und sogar auf den Inseln blubbern die Bierkessel: auf Tåsinge bei Svendborgsund Bryghus und auf Thurø bei Ø-Bryg (»Insel-Gebräu«).
www.visitfyn.de/gastro

DIE KONTRASTREICHE OSTKÜSTE VON SEELAND

Auf Dänemarks größter Insel befinden sich einige der bedeutendsten Sehenswürdigkeiten des Landes. Wikingerschiffe, uralte Fossilien, Spuren aus dem Mittelalter, prunkvolle Schlösser und charmante Städte sorgen für eine unglaubliche Vielfalt.

Mit einer Fläche von 7000 Quadratkilometern ist Seeland gerade einmal halb so groß wie Schleswig-Holstein oder ähnlich groß wie das Land Salzburg. Und doch leben dort mehr als 2,3 Millionen Menschen, also etwa 40 Prozent der dänischen Bevölkerung. Die Hälfte davon ballt sich im Raum Kopenhagen; daneben gibt es zwei Dutzend weitere Ortschaften mit jeweils 10 000 bis 50 000 Einwohnern.
Größere Kontraste gibt es auf keiner anderen Route durch Dänemark: Einerseits passieren wir Naturschutzgebiete mit Kreideklippen, an denen sich eine über 60 Millionen Jahre lange Geschichte ablesen lässt. Andererseits erwartet uns die pulsierende Hauptstadt Kopenhagen, in deren vielseitigem Angebot man wochenlang versinken könnte. Und dazwischen liegen Schlösser mit Geschichte in allen Ecken sowie Kunstmuseen der Neuzeit.
Egal, ob man von Langeland oder aus Norddeutschland kommt: Diese Tour beginnt auf einer Fähre. Nach dem Anlegen erwartet uns die Doppelinsel **1 Lolland-**

INFO

Start: Tårs, Gedser bzw. Rødby
Ziel: Helsingør (dann Fähre nach Helsingborg)
Länge: ca. 400 Kilometer
Dauer: 4–5 Tage
Beste Reisezeit: April – September

Ein Wahrzeichen von Kopenhagen: der bunte Hafen Nyhavn mit dem Platz Kongens Nytorv im Hintergrund

Helsingør
9
Helsingborg
Hundested
7
Dänische Riviera
Frederiksværk
Hillerød
8
Frederiksborg Slot
Kronborg Slot
Louisiana Museum für Moderne Kunst
Sjællands Odde
Hesselø Bugt
Isefjord
Sejerø Bugt
Kalundborg
Holbæk
Roskilde
6
Ragnarock Museet
Vikingeskibs-museet
KØBENHAVN
5
Øresund
Malmö
Landskrona
Dragør
Køge
Køge Bugt
Sjælland
Greve Strand
Solrød Strand
Ringsted
Sorø
Slagelse
Korsør
Nyborg
Næstved
3
Camp Adventure
4
Stevns Klint
Store Heddinge
Faxe
Fakse Bugt
Vordingborg
Møn
Stege
2
Møns Klint
GeoCenter Møns Klint
Lolland
Nakskov
Maribo
1
Falster
Nykøbing Falster
Langeland
E20
E47
E55
0
10 km
N

Falster mit ersten Gelegenheiten zum Spazieren und Strecken nach der Überfahrt. Über die Autobahn E47 und die Nationalstraße 59 erreichen wir die Insel Møns, an deren östlichem Ende das UNESCO-Biosphärenreservat **2 Møns Klint** liegt. Der insgesamt 80 Kilometer lange Abstecher von der Autobahn lohnt sich aufgrund der einmaligen Landschaft mit hohen Klippen und einem informativen Besucherzentrum.

Und dann sind wir auch schon auf der Insel Seeland. Bevor wir uns die kulturellen Highlights rund um die Hauptstadt zu Gemüte führen, lassen wir uns noch eine Weile von der Natur verzaubern: Bei **3 Camp Adventure** im Hinterland bieten ein Hochseilgarten und ein spektakulärer Aussichtsturm spannende Möglichkeiten, sich mit der Landschaft auseinanderzusetzen. Die Steilküste **4 Stevns Klint** hat vieles mit ihrem »großen Bruder« auf Møns gemeinsam. Der Besuch lohnt sich, aber bei Zeitnot kann der Abstecher ausgelassen werden.

Am Ufer der Køge-Bucht steuern wir – der Autobahn E20 folgend – die Metropole **5 Kopenhagen** an. Je nach Vorliebe können Sie vorher noch das Kunstmuseum Arken im Vorort Ishøj besuchen und nach **6 Roskilde** abzweigen, um die legendären Wikingerboote zu bestaunen.

Eine echte Perle: Marienlyst Slot – heute ein Museum – liegt am Ortsrand von Helsingør.

Das Flair der »dänischen Riviera«

Nördlich von der Hauptstadt weicht der urbane Ballungsraum bald einem maritimen Landstrich. Spätestens bei der Abfahrt 7 Kokkedal sollte man die Autobahn E47 verlassen und stattdessen an der Küste weiterfahren. Vom Strandvejen aus sieht man das Meer und beneidet ein bisschen die Fahrradfahrer, die entspannt durch das flache Gelände gleiten und der Landschaft noch näher kommen. Hier beginnt die **7 »dänische Riviera«**: ein nicht ganz klar definiertes Gebiet im Norden der Insel Seeland, das mit seinen Sandstränden und Küstendörfern Urlaubsstimmung verbreitet. Zieht man auf der Landkarte einen Strich zwischen Rungsted im Osten und Hundested im Westen, hat man den liebsten Rückzugsort der Kopenhagener ganz gut umrissen. In Rungsted machen wir einen Zwischenstopp, um am Hafen spazieren zu gehen und das Karen-Blixen-Museum anzuschauen. Dort besteht außerdem die Möglichkeit, über die Straßen 207 und 19 zum **8 Schloss Frederiksborg** abzuzweigen. Nach der Besichtigung geht es entweder auf demselben Weg zurück an die Küste, oder Sie nehmen die Straße 6 über Fredensborg direkt nach Helsingør.

Zwischen Rungsted und Helsingør hangeln wir uns an zwei angesehenen Kunstoasen – Nivaagaards Malerisamling und Louisiana –entlang. Bei schönem Wetter zweigen wir vielleicht über die Landstraße 235 an die Nordküste ab und nehmen noch den Ort Hornbæk und den nahen Skulpturenpark von Rudolph Tegners Museum mit. Der Endpunkt der Route ist in jedem Fall die Stadt **9 Helsingør mit dem »Hamlet«-Schloss Kronborg.** Dort geht es wieder auf die Fähre, und zwar in die schwedische Zwillingsstadt Helsingborg. Diese liegt an der Route 2 (Öresund & Kattegat: Malmö nach Göteborg, s. Seite 34). Je nachdem, wie viel Zeit zur Verfügung steht, können Sie gen Norden weiterfahren oder über Malmö und Trelleborg nach Hause zurückkehren.

Tipp: Einmal rund um den Öresund

Es spricht einiges dafür, nach der Seeland-Tour auch die schwedische Seite des Öresunds abzufahren. Bis zum Jahr 1658 gehörte die südschwedische Provinz Skåne nämlich zu Dänemark. Vieles von dem, was Sie in den Schlössern auf Seeland über die Geschichte der Region erfahren haben, betrifft also auch diesen Teil des Nachbarlands. Und neben der gemeinsamen Historie rund um die strategisch wichtige Wasserstraße werden Sie Parallelen in Bezug auf Landschaft und Architektur feststellen.

GASTSTÄTTEN & UNTERKÜNFTE

EINKEHREN

VINKÆLDEREN (NYKØBING FALSTER)
Dieses historische Lokal versorgt die Inseln Falster und Lolland seit etwa 1846 mit handverlesenen Weinen. Bis heute gehen die hochwertigen Speisen mit einer fachkundigen Weinbegleitung Hand in Hand.
www.restaurantvinkaelderen.dk

KLINTENS SANDWICHPROVIANT (RØDVIG STEVNS)
Eine Alternative zum schweren Mittag- oder Abendessen bietet diese einfache, aber beliebte Kantine in bester Lage am Jachthafen von Rødvig. Sie hat sich belegte Brote auf die Fahne geschrieben, bietet aber auch Salate und eine Häppchenplatte zum Teilen an.
www.klintenssandwichproviant.dk

SCT. HANS HAVE (ROSKILDE)
Von den Wikingerschiffen kann man am Wasser entlangspazieren und erreicht nach 20 Minuten diese charmante Gärtnerei mit Café. In einem friedlichen Gewächshaus werden mit Blüten verzierte Küchlein, cremige Suppen, hausgemachte Limonaden und vitaminreiche Gerichte serviert.
www.scthanshave.dk

SCT. PEDERS BAGERI (KOPENHAGEN)
Vergessen Sie Smørrebrød – in Kopenhagen sind jetzt süße Versuchungen angesagt. Innerhalb weniger Jahre hat die dänische Hauptstadt einen wahrhaften Boom an handwerklichen Bäckereien und Konditoreien erlebt. Skt. Peders Bageri ist nur ein Beispiel dafür; weitere gute Adressen sind Juno the Bakery und Hart Bageri.
www.instagram.com/sct.pedersbageriogkonditori

SLETTEN (HUMBLEBÆK)
Das gehobene Restaurant am gleichnamigen Hafen verspricht Gourmetgerichte mit Blick auf den Öresund. Es gehört den Köchen, die in Kopenhagen das einsternige Restaurant »Formel B« betreiben, und verfolgt denselben Anspruch: kunstvolle Gerichte zu servieren, bei denen die Zutaten im Mittelpunkt stehen. Die Gäste haben die Wahl zwischen Verkostungsmenü und Bestellung à la carte.
www.sletten.dk

ÜBERNACHTEN

FUGLSANG HERREGAARD (INSEL LOLLAND)
Späte Fähre erwischt? Dieses Hotel in einem Herrenhaus von 1869 liegt nur eine halbe Fahrstunde von Gedser bzw. Rødby entfernt. Mit seiner prächtigen Architektur, dem tollen Ambiente und der grünen Umgebung verspricht es einen traumhaften Start ins dänische Abenteuer.
www.fuglsangherregaard.dk

SKOVSHOVED HOTEL (BEI KOPENHAGEN)
Eine Unterkunft mit Parkmöglichkeit ist im Zentrum von Kopenhagen schwer zu finden. Dieses Boutiquehotel mit 22 Zimmern könnte die Lösung sein: Es liegt am nördlichen Stadtrand idyllisch am Wasser und bietet kostenlose Parkplätze. Und mit dem Fahrrad braucht man nur eine halbe Stunde bis zur kleinen Meerjungfrau.
www.skovshovedhotel.com

RUNGSTEDGAARD (RUNGSTED KYST)
Auf etwa halber Strecke zwischen Kopenhagen und Helsingør kann man hier Seeluft schnuppern und am Hafen entlangspazieren, wo mehrere Gaststätten nah beieinander liegen. Gleich neben dem Hotel befindet sich das Museum über die Schriftstellerin Karen Blixen (»Jenseits von Afrika«).
www.rungstedgaard.dk

MARIENLYST STRANDHOTEL (HELSINGØR)
Seit 1861 lassen sich in diesem altehrwürdigen Badehotel Royals und andere illustre Gäste verwöhnen. Wohl dosierte nostalgische Details in der Einrichtung erinnern an die Vorgeschichte. Beim Frühstück auf der Terrasse hat man einen grandiosen Blick aufs Meer und bis nach Schweden.
www.marienlyst.dk

Man sollte Dänemark nicht verlassen, bevor man sich durch das leckere Gebäck gekostet hat.

1

Das Mittelalter-museum in Sundby auf Lolland

DIE INSELN LOLLAND & FALSTER

GRÜSSE AUS DEM MITTELALTER

Ob mit der Fähre von Puttgarden nach Rødby oder von Rostock nach Gedser: Viele Reisen nach Dänemark starten auf den nah beieinander liegenden Inseln Lolland und Falster. Mehrere historische Sehenswürdigkeiten verleiten zum Anhalten.

Der Ort Nykøbing Falster fungiert als Bindeglied zwischen den beiden Inseln: Bis 2007 bildete er mit Sundby auf der gegenüberliegenden Seite der Meerenge Guldborgsund eine Gemeinde. Das Anhalten an beiden Ufern lohnt sich noch immer: In Nykøbing Falster spaziert man durch eine pittoreske Fußgängerzone, während sich in Sundby ein Besuch des Mittelaltermuseums (Middelaltercenteret) anbietet. Dort wird man in die Handelsstadt Sundkøbing anno 1412 zurückversetzt, der glaubwürdig verkleidete Handwerker und Kaufleute Leben einhauchen. Und im Restaurant »Den Gyldne Svane« wird gekocht wie im 15. Jahrhundert.
Ein weiteres Relikt dieser Zeit findet man in Maribo: Der Ort entstand, als Birgittenmönche aus Schweden 1416 das gleichnamige Kloster gründeten. Zehn Gehminuten von den Ruinen, die davon nur noch übrig sind, liegt mittlerweile wieder ein aktives Kloster desselben Ordens. Die ehemalige Klosterkirche dient seit 1803 als Dom der Inseln Lolland und Falster. Maribo ist von einem üppigen Naturgebiet und vier Seen umgeben. Auf mehreren Wegen durch den Naturpark kann man sich nach der Anreise die Beine vertreten und dabei Vögel beobachten: Seeadler kreisen das ganze Jahr durch die Lüfte, in der warmen Jahreshälfte auch Fischadler.

TIPP

TIERISCHES VERGNÜGEN

Auf Falster befindet sich der »Krokodilzoo«, der neben den angsteinflößenden Reptilien auch Schildkröten, Schlangen, tropische Vögel und Pumas hat. Ebenfalls exotisch geht es im Safaripark Knuthenborg zu, allerdings stehen dort große Säugetiere wie Tiger, Giraffen und Wölfe im Mittelpunkt.
www.visitlolland-falster.de

2

Sollte man erlebt haben: die Wanderung mit Aussicht

MØNS KLINT

GUT ERSCHLOSSENE STEILKÜSTE

Die Kreideklippe ganz im Osten der Insel Møn ist stellenweise 128 Meter hoch und qualifiziert sich damit als Dänemarks höchste Steilküste. Mit ihrem strahlenden Weiß und türkisfarbenen Wasser erinnert sie ein bisschen an die Karibik.

Die Erkundungstour startet mit einem Besuch im GeoCenter Møns Klint, wo man gut parken kann. Dort informiert eine interaktive Ausstellung über die lebendige Natur im Wald Klinteskoven sowie die Tiere und Pflanzen vor 70 Millionen Jahren, die man als Fossilien findet.
Von diesem anschaulichen Naturkundemuseum führt Dänemarks längste Treppe hinunter zum Strand: Die 500 Stufen gehen ganz schön in die Waden. Unten angekommen, kann man nach Fossilien suchen und am Strand entlangwandern. An dem sechs Kilometer langen Küstenabschnitt stehen noch vier weitere Treppen zur Verfügung: eine südlich und drei nördlich vom GeoCenter. Wer nicht so gut zu Fuß ist, kann die Aussicht vom Panoramaweg aus genießen. Wer sich hingegen nach noch mehr Action sehnt, kann durch einen Hochseilgarten klettern und sich an einer Seilrutsche in die Tiefe schwingen. Außerdem bietet das GeoCenter Segeltouren an, bei denen man die Klippe vom Wasser aus betrachtet.

Aufgrund seines Artenreichtums und der einmaligen Landschaft wurde Møns Klint von der UNESCO zum Biosphärenreservat erhoben. Durch das Gebiet verlaufen mehrere Rundwanderwege. Man muss sich die Geschichte einmal vor Augen halten: In einer Höhe von über hundert Metern steht man auf einem Kreidefundament, das sich vor Jahrmillionen am Meeresboden gebildet hat.

TIPP

NATUR RUND UM DIE UHR

Ein Abstecher zur Mønser Klippe lohnt sich bei Tag und Nacht. Klassisch campen lässt es sich auf dem naturnahen Platz Camp Møns Klint. Sternengucker haben auf Møn einen faszinierenden Blick auf die Milchstraße. www.campmoensklint.dk, www.darkskymoen.dk

Der Ausflug zum Waldturm kann einen Tag füllen.

3

CAMP ADVENTURE IN RØNNEDE

ALLES IM GRÜNEN BEREICH

Die Freizeitanlage Camp Adventure im Hinterland der Insel Seeland lässt Besucher auf unterschiedliche Weise mit der waldreichen Natur interagieren. Wer schwindelfrei ist, kann auf einen Turm und durch Bäume klettern.

So schön die dänische Küste auch ist: Zu einem Urlaub in Skandinavien gehört auch ein Ausflug in den Wald dazu. Einen unvergesslichen Tag im Grünen verspricht das Camp Adventure in der Nähe von Kongsted Borup (www.campadventure.dk). Die Anlage umfasst einen riesigen Hochseilgarten und einen spektakulären Turm im Wald. Außerdem gibt es vor Ort Übernachtungsmöglichkeiten und mehrere Anbieter mit Verpflegung.

Der Hochseilgarten ist der größte in Dänemark. Auf einer Fläche von 7,5 Hektar haben zwölf Parcours mit verschiedenen Schwierigkeitsgraden Platz. Reizvoll sind auch die vielen Seilrutschen – die längste des Landes misst 500 Meter!

Der »Waldturm« ist ein 45 Meter hohes, sanduhrförmiges Gebäude aus Cortenstahl und Eichenholz, das sich über zwölf kreisförmige Etagen in die Höhe windet. Mit jedem Meter, den man an Höhe gewinnt, verändert sich der Blick auf die umliegende Natur. Nach 650 Meter Fußweg innerhalb des Turms erreicht man die Aussichtsplattform, die sich 140 Meter über dem Meeresspiegel befindet. Bei guter Sicht reicht der Blick bis nach Kopenhagen und Malmö. Das Erlebnis beginnt mit einer Wanderung über einen 3,2 Kilometer langen Holzbohlenweg durch Wald und über Bäche hinweg, bis schließlich der moderne Koloss ins Blickfeld rückt.

TIPP

GISSELFELD

Ganz in der Nähe liegt das Naturgebiet Gisselfeld, eines der größten Güter Dänemarks aus dem 16. Jahrhundert. Man kann das Anwesen und eine gläserne Orangerie besichtigen. Der Landschaftsgarten im englischen Stil wurde im 19. Jahrhundert angelegt. www.destinationgisselfeld.dk

4

Von der »alten Kirche« geht es in die Tiefe.

STEVNS KLINT

STEILES WELTNATURERBE

Im Südosten der Insel Seeland erhebt sich die 15 Kilometer lange und bis zu 41 Meter hohe Steilküste Stevns Klint. Hier ist die Forschung einem großen Geheimnis auf die Spur gekommen: Warum sind die Dinosaurier ausgestorben?

Das Kliff – quasi der kleine Bruder von Møns Klint – zwischen dem Hafen von Bøgeskov im Norden und der Ortschaft Rødvig im Süden ist eine Kreideküste, die für Geologie-Interessierte besonders spannend ist: In den Ablagerungen kann man eine dunkle, fossilienreiche Schicht namens »Fischlehm« (fiskeler) ausmachen. Sie wurde auf ein Alter von rund 66 Millionen Jahren datiert und markiert damit die Grenze zwischen der Kreidezeit und dem Paläogen. Der graue Ton beruht auf dem Aschegehalt: Zur Zeit der Entstehung schlug in Mexiko ein Meteor ein, der Tod und Zerstörung auf der ganzen Welt verbreitete. Auch das Vorkommen des seltenen Metalls Iridium legt den Zusammenhang nahe. Ähnliche Schichten kommen auf der ganzen Welt vor, doch nirgendwo sonst ist das Relikt der sogenannten Kreide-Paläogen-Grenze aus so großer Entfernung sichtbar. Diese geologische Besonderheit war ausschlaggebend für die Aufnahme der Steilküste auf die UNESCO-Weltnaturerbeliste.

Von der »alten Kirche« (Gamle Kirke) von Højerup führt eine steile Treppe zum Steinstrand unterhalb des Kliffs. Das Sammeln von abgefallenen Steinbrocken und Fossilien ist erlaubt, nicht jedoch das Herauspicken von Fossilien von der Klippe. Ein 22 Kilometer langer Wanderweg namens Trampestien führt durch die Welterbestätte.

TIPP

GEOMUSEUM MIT FOSSILIENJAGD

In Faxe liegt das kleine, aber feine Geomuseum, das sich mit einem versteinerten Korallenriff beschäftigt. Gegen einen kleinen Aufpreis wird man mit Hammer und Meißel ausgestattet und kann im angrenzenden Kalkbruch selbst nach Korallen, Muscheln etc. suchen. www.oesm.dk/geomuseum-faxe, www.stevns.dk

EIN PERFEKTER TAG IN DER HYGGE-HAUPTSTADT

Die Metropole am Öresund zeigt, wie entspannt ein Städtetrip ablaufen kann. In der kompakten Innenstadt sind zahlreiche Sehenswürdigkeiten zu Fuß erreichbar, und man erlebt viele Facetten in kurzer Zeit: höfische Eleganz, weltberühmtes Design, gemütliches Bummeln und faszinierende Aussichten.

Dass die Skandinavier Meister der pragmatischen Namensgebung sind, wissen wir längst: So ziemlich jede Stadt hat einen »großen Platz«, von dem eine »große Straße« abzweigt. Demnach können wir uns zumindest in den Grundzügen vorstellen, was uns beim »runden Turm« in der Kopenhagener Innenstadt (Indre By) erwartet. Was der Name jedoch verschweigt: Beim »Rundetårn« handelt es sich um das wahrscheinlich bekannteste und beliebteste Bauwerk, das die Stadt König Christian IV. verdankt. Er wurde 1642 fertiggestellt, misst knapp 42 Meter – und kommt innen ganz

5

↑ Das Kunstgewerbemuseum ist ein Muss für Fans des dänischen Designs.
↙ Ein Bummel durch die lange Fußgängerzone Strøget mit ihren vielen Geschäften gehört zu einem Stadtrundgang durch Kopenhagen dazu.

ohne Treppenstufen aus. Oben hat nämlich die Universität ihre Sternwarte, und über die spiralförmige Rampe konnten schwere Bücher und Beobachtungsgeräte von Pferden gezogen werden. Heute legen Touristen den 200 Meter langen »Schneckengang« über sieben Etagen zurück, um von der Aussichtsplattform die Stadt zu überblicken. Mit knapp sechs Euro Eintritt gehört die Besteigung zu Kopenhagens günstigsten Aktivitäten (Kinder zahlen sogar nur 1,50 Euro; www.rundetaarn.dk).
Nur einen Steinwurf vom Aussichtsturm entfernt liegt die Fußgängerzone Strøget. Über einen reichlichen Kilometer verbindet sie den Rathausplatz mit dem grünen Platz Kongens Nytorv. Gepflegte Bauten aus diversen Epochen säumen die Einkaufsmeile, wo nordische und internationale Marken ihre dänischen Flagship-Geschäfte haben. Im Osten schließt der pittoreske Hafen Nyhavn an.

Bei Majestäten und Ministern

Auf der kleinen Insel Slotsholmen, die Teil der Innenstadt ist, befinden wir uns dort, wo Kopenhagen im 12. Jahrhundert als Fischerei- und Handelssiedlung seinen Anfang nahm. Die erste Befestigung entstand 1167. An ihrer Stelle folgten über die Jahrhunderte mehrere neue Bauten – zuletzt das 1928 fertiggestellte, symmetrische Schloss Christiansborg. Dort arbeiten Monarchie und Politik buchstäblich Seite an Seite: Den südlichen Flügel nutzt das dänische Parlament, während das Königshaus im nördlichen Teil seine Repräsentationsräume hat. Und obwohl das Schloss – mit einer Fläche von über 15 000 Quadratmetern auf sechs Etagen übrigens Dänemarks größtes – so aktiv genutzt wird, sind viele interessante Bereiche für die Öffentlichkeit zugänglich (www.kongeligeslotte.dk).
Im 18. Jahrhundert lebte die königliche Familie auch auf Schloss Christiansborg, doch nachdem der Vorgängerbau 1794 in Flammen aufgegangen war, zogen die dänischen Royals in die Residenz namens Amalienborg um. Diese war nicht als Schloss konzipiert, sondern besteht aus vier Palais mit harmonischer Rokoko-Architektur, die ursprünglich für private Bauherren errichtet wurden. Zwei davon nutzt heute Königin Margrethe II. (geb. 1940), eines ist dem Kronprinzenpaar vorbehalten, und das vierte beherbergt das Amalienborgmuseum. Dort sind königliche Gemächer aus mehreren Generationen erhalten, darunter vier Arbeitszimmer sowie die Fabergé-Kammer mit erlesener Juwelierkunst. Auf dem achteckigen Vorplatz findet jeden Tag um 12 Uhr die Wachablösung der Leibgarde statt (www.kongernessamling.dk/amalienborg).
Im gleichen Rokoko-Viertel befindet sich das Kunstgewerbemuseum – ein Muss für Fans des dänischen Designs. Mehrere Ausstellungen entführen in die Welt der Formen und Farben. Unter anderem gibt es eine chronologische Darstellung des Möbeldesigns, einen Bereich zum gedeckten Tisch, einen Blick in die Silbersammlung und eine Hommage an Textilien und Muster (www.designmuseum.dk).

TIPP

VIEL PLATZ FÜR MODERNE KUNST …
Im Vorort Ishøj, 20 Kilometer südwestlich von der Kopenhagener Innenstadt, liegt das 1996 eröffnete Kunstmuseum Arken. Schon von Weitem fällt der kantige weiße Bau auf, der die Sammlung von Gemälden, Skulpturen und Fotografien beherbergt. In der Dauerausstellung sind Größen wie Ai Weiwei und Damien Hirst vertreten. Drum herum gibt es über 20 Skulpturen unter freiem Himmel zu entdecken.
www.arken.dk

… UND FÜR LÄNDLICHE NOSTALGIE
Wer lieber mehr über die Vergangenheit erfahren möchte, ist im Freilichtmuseum (Frilandsmuseet) weiter nördlich gut aufgehoben. Dort wurden über 50 Gebäude aus mehreren dänischen Landesteilen sowie aus Schleswig, Südschweden und von den Färöern zusammengetragen. Sie illustrieren, wie sich Bau- und Lebensweise zwischen 1650 und 1950 verändert haben.
www.natmus.dk/museer-og-slotte/frilandsmuseet

6

Die Wikingerschiffe begeistern Geschichtsinteressierte.

ROSKILDE

STADT DER KÖNIGE UND WIKINGER

Das knapp 52 000 Einwohner zählende Roskilde wurde um das Jahr 1000 gegründet und diente bis 1443 als Hauptstadt Dänemarks. Als Hotspot der Wikinger und Regenten hat es zwei große Sehenswürdigkeiten vorzuweisen.

Roskilde liegt 30 Kilometer westlich von Kopenhagen am südlichen Ende des Roskildefjords. Dass man dort, in einer geschützten Bucht, wunderbar Boote bauen konnte, zeigt das gern besuchte Wikingerschiffsmuseum.
In einer Halle sind die Reste von fünf im Fjord gefundenen Schiffen ausgestellt. Sie stammen aus den Jahren 1030 bis 1042 und wurden in Dänemark, Norwegen bzw. Irland gebaut. Draußen im Museumshafen liegen Rekonstruktionen dieser fünf Schiffe sowie weitere 40 Boote nach historischen Vorbildern im Wasser. Die Werft ist nach wie vor aktiv, außerdem können Besucher stilecht über den Roskildefjord segeln. Die experimentelle Archäologie ermöglicht ein interaktives Erleben der Geschichte, was den besonderen Reiz des Museums ausmacht.
Ungleich ruhiger und andächtiger geht es im Dom zu Roskilde zu, der im 12. und 13. Jahrhundert entstand und seit 1995 zum UNESCO-Weltkulturerbe gehört. Der imposante Bau mit zwei Türmen gilt als frühes Beispiel der Backsteingotik. Auch das Innere ist etwas ganz Besonderes, denn dort werden traditionell die dänischen Könige bestattet. Die Königskapellen bilden Architekturstile aus acht Jahrhunderten ab – von der Romanik und Gotik bis hin zum Neoklassizismus und Funktionalismus.

TIPP

ROCK IN ROSKILDE

Die Stadt mit der langen Historie wird seit 1971 jeden Sommer ordentlich durchgeschüttelt, wenn das Roskilde Musikfestival stattfindet. Fans können ganzjährig das 2016 eröffnete Museum Ragnarock besuchen, das sich mit Pop, Rock und Jugendkultur beschäftigt. www.museumragnarock.dk, www.roskilde-festival.dk

7

Schöne Aussichten beim Louisiana-Museum

DIE »DÄNISCHE RIVIERA«

KUNST AN DER KÜSTE

Wenn die Kopenhagener eine Auszeit vom Großstadtleben brauchen, fahren sie in den Norden von Seeland. Die idyllische Küste mit Hafenorten, Sandstränden und Dünen nennen sie liebevoll auch die »dänische Riviera«.

Man braucht eigentlich nur über die Landstraße am Wasser zu fahren und nach Lust und Laune anzuhalten, um die Schönheit des Landstrichs kennenzulernen. Auf der Strecke nach Helsingør liegen jedoch zwei Kunstmuseen, bei denen sich ein Stopp besonders lohnt. Das erste ist die Gemäldesammlung in Nivå (Nivaagaards Malerisamling), die auf die 150-teilige Privatsammlung des Backsteinmoguls Johannes Hage (1842–1923) zurückgeht. Neben dem namensgebenden Gutshaus befindet sich das 1903 errichtete Museumsgebäude. Das Hauptaugenmerk der Sammlung liegt auf dem Goldenen Zeitalter in Dänemark (1800–1850). Hinzu kommen Werke der italienischen Renaissance (etwa Bellinis »Porträt eines jungen Mannes«) und des niederländischen Barock (Rembrandt und Brueghel).
Kaum ist man zehn Minuten weitergefahren, kündigt sich das nächste, um einiges bekanntere Highlight an: das Louisiana-Museum für Moderne Kunst, nach der Eröffnung 1958 lange die am meisten besuchte Kunstoase Dänemarks. Der Gründer – Käsehändler Knud W. Jensen (1916–2000) – wollte ein stimmiges Ensemble aus Natur und Architektur schaffen, das erstmals moderne Kunst in den Mittelpunkt rückte. Der Name geht übrigens auf den Vorbesitzer des Haupthauses zurück, dessen drei Ehefrauen alle Louise hießen.

TIPP

DIE BESTEN BADESTRÄNDE

Ein Landstrich mit dem Beinamen »Riviera « muss auch sein Versprechen auf Badespaß einlösen. Beliebt ist etwa der Strand von Nivå südlich vom Hafen. Über einen Steg kommt man ins tiefere Wasser.
www.visitnorthsealand.com/north-sealand/experiences/beaches-north-sealand

8

Die Dänen bauen schon immer gern mit Backstein.

SCHLOSS FREDERIKSBORG

MÄRCHENHAFTE WASSERBURG

Das Schloss Frederiksborg in Hillerød gilt als größtes und bedeutendstes Bauwerk der nordischen Renaissance. Drum herum liegt eine beeindruckende Anlage mit mehreren Inselchen, See und weitläufigem Park.

Nachdem der dänische König Frederik II. 1559 die Macht übernommen hatte, kam auch der Gutshof Hillerødsholm in seinen Besitz. Er ließ das dortige Herrenhaus zu einem Jagdsitz erweitern, den er regelmäßig besuchte und wo auch sein Sohn, der spätere König Christian IV. (1577–1648), geboren wurde. Dieser hatte jedoch einen anderen Geschmack, ließ das meiste abtragen und begann von vorne. Nach den Idealen der Renaissance entstand in den Jahren 1602 bis 1625 das neue Schloss.

Der hufeisenförmige Prunkbau aus Backstein ist reichlich mit Türmchen, Ziergiebeln und Figuren aus hellem Sandstein verziert. Er besteht aus drei verbundenen Gebäuden: In der Mitte liegt der Königsflügel, rechts davon der Prinzessinnenflügel und links die Schlosskapelle. Während ein Brand 1859 einen Großteil der Originaleinrichtung zerstörte, hat die Kapelle mit ihrer detailreichen Ausschmückung das Unglück überstanden.

Den Wiederaufbau sponserte der Industrielle J. C. Jacobsen – unter der Bedingung, dass das Schloss als nationalhistorisches Museum allen zugänglich werden sollte. Heute zeigen die rund 60 prunkvollen Räume zahlreiche Kunstwerke aus verschiedenen dänischen Schlössern und Herrenhäusern.

TIPP

ERINNERUNGEN AN KAREN BLIXEN

Der Weg zum Schloss Frederiksborg führt durch den Küstenort Rungsted Kyst, wo die dänische Schriftstellerin Karen Blixen (1885–1962) den Großteil ihres Lebens verbrachte und die meisten ihrer Werke schrieb. Auf dem Familiensitz ist ein Museum untergebracht. Dort befindet sich auch ihr schlichtes Grab. www.blixen.dk

9

Schloss Kronborg diente Shakespeare als Inspiration.

HELSINGØR MIT SCHLOSS KRONBORG

SEIN ODER NICHTSEIN?

Literaturfans aus aller Welt pilgern in die Hafenstadt Helsingør, um das »Hamlet«-Schloss Kronborg zu besuchen. Sie werden nicht enttäuscht: Die über 400 Jahre alten Gemäuer bergen beeindruckende Räume und sehenswerte Ausstellungen.

Ist Ihnen aufgefallen, dass sich an der schmalsten Stelle des Öresunds zwei Städte mit verdächtig ähnlichen Namen gegenüberliegen: Helsingør und Helsingborg? Das ist natürlich kein Zufall, sondern ein wirtschaftlicher Geniestreich von Unionskönig Erich von Pommern (1382–1459). 1426 führte er den sogenannten Sundzoll ein: Ausländische Schiffe mussten für das Durchfahren der Meerenge eine Gebühr entrichten – bis zur Abschaffung 1857 eine bedeutende Einnahmequelle. Damit niemand entwischte, ließ er auf beiden Seiten Festungen errichten: Kärnan in Helsingborg und den Vorgänger von Kronborg in Helsingør, der etwa 150 Jahre später unter Frederik II. zum pompöses Renaissanceschloss wurde. Um 1600 schrieb William Shakespeare (1564–1616) mit der »tragischen Geschichte des dänischen Prinzen Hamlet« sein längstes Bühnenstück. Es spielt hauptsächlich auf Schloss Kronborg, das in der Tragödie »Elsinore« heißt. 1629 brannte das Schloss aus und wurde unter Christian IV. neu aufgebaut. Damals müssen in Europa viele Gerüchte herumgegangen sein – nicht zuletzt dank der ausschweifenden Feste, die im 60 Meter langen Ballsaal stattfanden. Abgesehen von den Bildteppichen aus den 1580er-Jahren sind jedoch kaum Möbel und andere bewegliche Gegenstände erhalten.

TIPP

THEATERFESTIVAL IM SOMMER

Seit 1816 werden beim jährlichen Shakespeare-Festival Ende Juli/Anfang August Stücke des Dichters vor der Kulisse des Schlosses Kronborg unter freiem Himmel aufgeführt. Das wechselhafte Wetter und die schreienden Möwen tragen also zur Darbietung bei.
www.hamletscenen.dk/shakespeare-festival
www.kronborg.dk

In Dänemark sind Kultur und Natur meistens nah beieinander – wie hier an der Westküste bei Skagen.

REGISTER

AUTORIN: Lisa Arnold hat Germanistik und Skandinavistik studiert und lebt seit 2013 in Stockholm. Von dort aus schreibt sie Reisebücher über skandinavische Destinationen und berichtet als Auslandskorrespondentin mehrerer deutscher und österreichischer Zeitungen über aktuelle und kulturelle Themen in Nordeuropa.

IMPRESSUM

Verantwortlich: Maren Langendorff
Lektorat: Helga Peterz
Korrektorat: Christiane Gsänger
Layout und Producing: BUCHFLINK Rüdiger Wagner
Umschlaggestaltung: Mathias Frisch
Repro: Ludwig: media
Kartografie: Huber Kartographie, Heike Block
Herstellung: Alexander Knoll
Printed in Turkey by Elma Basim

Unser komplettes Programm finden Sie unter

www.bruckmann.de

★★★★★

Sind Sie mit diesem Titel zufrieden? Dann würden wir uns über Ihre Weiterempfehlung freuen.
Erzählen Sie es im Freundeskreis, berichten Sie Ihrem Buchhändler, oder bewerten Sie bei Onlinekauf. Und wenn Sie Kritik, Korrekturen, Aktualisierungen haben, freuen wir uns über Ihre Nachricht an Bruckmann Verlag, Postfach 40 02 09, D-80702 München oder per E-Mail an lektorat@verlagshaus.de.

In diesem Buch wird aus Gründen der besseren Lesbarkeit das generische Maskulinum verwendet. Weibliche und anderweitige Geschlechteridentitäten werden dabei ausdrücklich mitgemeint, soweit es für die Aussage erforderlich ist.

Empfehlung der Redaktion
Sie sind auf der Suche nach weiterführender Literatur?
Dann empfehlen wir Ihnen den Titel »Wild Places Schweden« von Lisa Arnold.

Bildnachweis: Alle Abbildungen des Umschlags und des Innenteils stammen von Lisa Arnold, außer:

80 (www.carllarsson.se/presskontakt/press-carl-larsson-garden/), 92 (Unsplash/Nikola Johnny Mirkovic);

shutterstock: 15 o., 95 (Tommy Alven), 15 u., 44 (Photosbypatrik), 58 (Jonas Tufvesson),), 65 (bluejava1), 66 (trabantos), 67 (Marcin Kadziolka), 77 (Andreas_Bergerstedt), 81 (Smaliar Iryna), 82/83 (f11photo), 84 (Makasana photo), 85 (Michael715), 93 (Kuznetsova Julia), 96 (Conny Sjostrom), 107 o. (Georg Kristiansen), 114 (Tatiana Popova), 118 (Trygve Finkelsen), 123 (Forsberg), 125, 179 (Evikka), 130 (Jiri Vondrous), 131 (Mikolaj Niemczewski), 134, 155 (Oliver Hoffmann), 136 (Andie_Alpion), 139 (Chris_Hall), 143 (Nick Brundle Photography), 164 (mary416), 165 (blazg), 173 (Laura Ioana V), 174 (ruzanna), 183 (Andrey Shcherbukhin);

lookphotos: 14, 26, 63, 103 (Meinhardt, Olaf), 16/17 (Linder, Bastian), 46, 172 (Bäck, Christian), 111 (Thoermer, Val), 119 (Stankiewicz, Thomas), 120/121 (age fotostock), 122, 190 (Mirau, Rainer), 124 (Greune, Jan), 142 (Foto Herzig), 170 (Zandecki, Lukasz), 15 (M), 178 (age fotostock), 182 (Richter, Tobias);

mauritius images: 64 (Mattis Kaminer/Alamy/Alamy Stock Photos), 128 (Cavan Images/Alamy/Alamy Stock Photos), 168 (NielsDK/imageBROKER), 169 u. (Georg Berg/Alamy/Alamy Stock Photos);

Nasjonale turistveger/Norwegian Scenic Routes: 126 (Eline Karlsdatter Fladseth/Visit Northwest), 129 (Jarle Wæhler/Statens vegvesen), 132 (Tonje Tjernet/Statens vegvesen), 133 (Helge Stikbakke/Statens vegvesen).

Umschlagvorderseite: Sonnenuntergang über der Storseisund-Brücke (lookphotos/robertharding)
Umschlagrückseite oben: Die Nationalparks Abisko (links) und Muddus (rechts) in Schweden lassen sich wunderbar mit dem Auto erfahren; die Trolltunga nahe Bergen bietet einen unglaublichen Ausblick (Mitte).
Umschlagrückseite unten: Das lofotr Wikingermuseum in Norwegen.
S. 2/3: Parkplatz am Nationalpark Abisko
S. 5: kleiner Hafen im dänischen Roskilde
S. 6/7: das dänische Egeskov Slot
S. 190/191: Sonnenaufgang über dem Lysefjord

Die Deutsche Nationalbibliothek verzeichnet diese Publikation in der Deutschen Nationalbibliografie; detaillierte bibliografische Daten sind im Internet über http://dnb.d-nb.de abrufbar.

2. durchgesehene Auflage 2024

Infanteriestraße 11a
80797 München

ISBN: 978-3-7343-2099-6